偏门国外文化超图解

美国文化超图解

每天聊点美国文化

《亲历者》编辑部 编著

中国铁道出版社有限公司
CHINA RAILWAY PUBLISHING HOUSE CO., LTD.

图书在版编目（CIP）数据

美国文化超图解，每天聊点美国文化 /《亲历者》编辑部编著 .—北京：中国铁道出版社有限公司，2020.3
（偏门国外文化超图解）
ISBN 978-7-113-23658-8

Ⅰ. ①美… Ⅱ. ①亲… Ⅲ. ①文化－美国－图解 Ⅳ. ① G171.2-64

中国版本图书馆 CIP 数据核字（2017）第 205148 号

书　　名：美国文化超图解，每天聊点美国文化
作　　者：《亲历者》编辑部

策　　划：聂浩智
责任编辑：郭景思　　　　电子信箱：guojingsi@sina.cn
封面设计：王　岩
责任校对：王　杰
责任印制：赵星辰

出版发行：中国铁道出版社有限公司（100054，北京市西城区右安门西街 8 号）
网　　址：http://www.tdpress.com
印　　刷：三河市兴达印务有限公司
版　　次：2020 年 3 月第 1 版　2020 年 3 月第 1 次印刷
开　　本：710 mm × 1000 mm　1/16　印张：12　字数：264 千
书　　号：ISBN 978-7-113-23658-8
定　　价：49.80 元

前言 FOREWORD

用看漫画的心情聊美国文化

1. 为什么聊美国文化

美国，一个只有几百年历史的国家，为何能一跃而起，成为世界强国，难道你不想知道原因吗？为何美国的哈佛大学、麻省理工学院等这些大学那么牛，能站在世界顶尖位置？

你知道航海家哥伦布把印第安人当成印度人的那段历史吗？你知道在美国给老人让座会挨骂吗？你知道……书中还有很多你知道或不知道的美国文化和日常，等着你去慢慢发现呢！

2. 什么叫看漫画的心情

这可是本书的一个大亮点，全书的大部分内容以图解、漫画的形式呈现，有趣的对白、精彩的插画和图片让你莞尔间就能了解和学习很多知识，开阔眼界。

3. 小小互动敢不敢接

书中的部分章节会根据内容设定简单的连线游戏，如果你已经阅读到那里，不妨试着连连看，比如找准相应城市在地图上的位置，找到名校对应的校徽。

4. 吸收些美国文化的长处

美国有好的地方，比如美国人对孩子的教育；吸收美国好的文化，提升自身的文化素养等；美国也有不足的地方，比如安全问题、高考制度的“不公平”等。多了解一些，会让你更好地树立良好的价值观或世界观。

5. 带上它去旅游也不错

首先，通过本书可以了解很多美国人日常的生活，在旅游期间，不妨刻意去关注一下，更真实地体验美国文化的不同。其次，书中的相应部分会有一些链接，比如与美国史有关的地方、美国特有的风光等，感兴趣的话不妨挑几处地方走走。最后，对美国了解得越多，对你的出行越有好处，比如让座、扶门、遇见警察时应该怎么做等等。

总之，这本书的出发点很简单，它能让你轻松猎奇，边拾趣边长知识，如果能给你一些启发，那就更好了。

目录 CONTENTS

第一部分

这就是美国

第二部分

美国霸道逆袭史

第三部分

美国人是怎么长大的

第四部分

美国人的美式生活

第五部分

过节，他们很认真

第六部分

下面这些事，都是真的

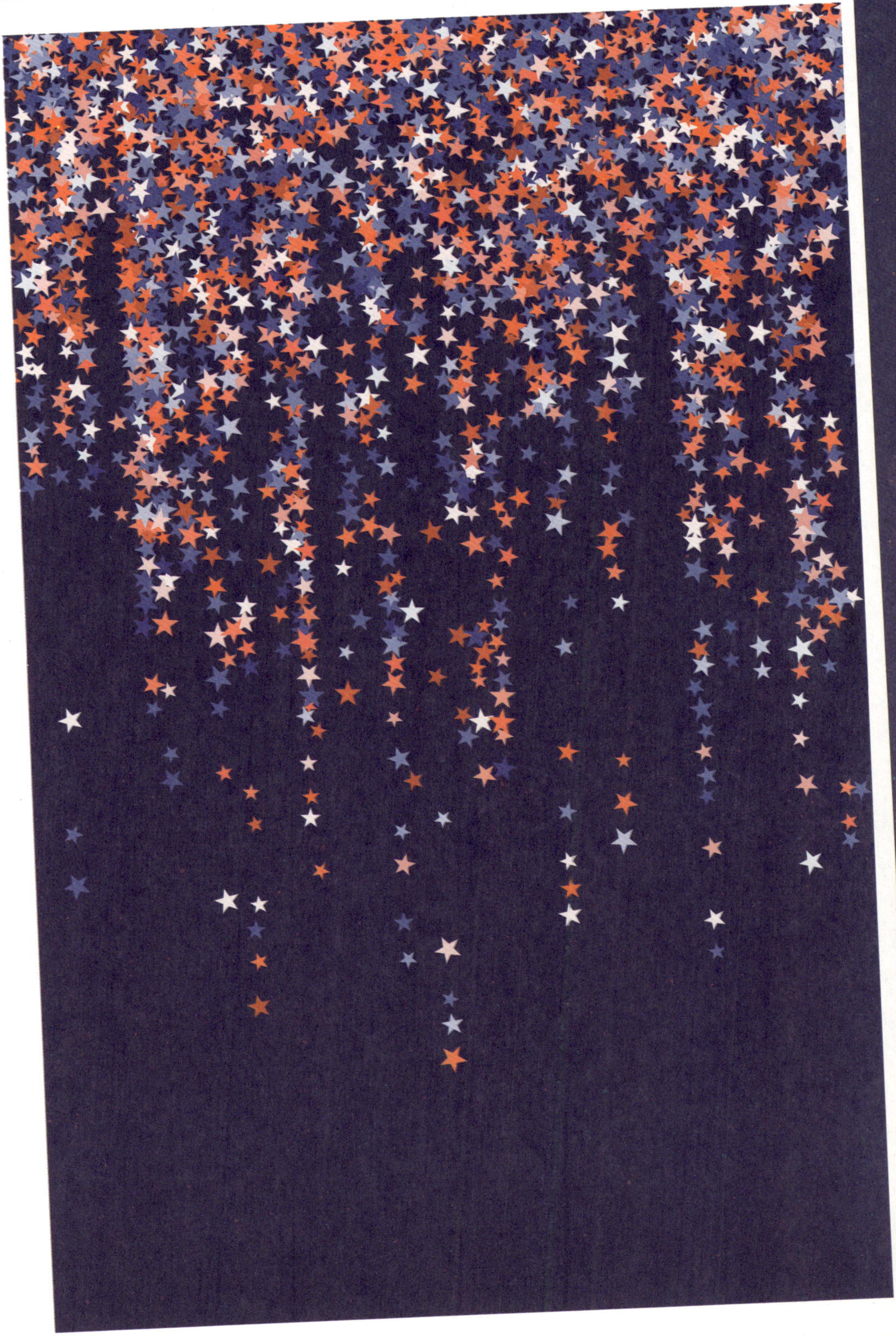

第一部分

这就是美国

JOLIET
Kicks
ON
66

看美国国旗二十六变

国旗

红色象征勇气，白色象征真理，蓝色象征正义

准确地说，美国没有国徽，它其实是官方纹章。正面的白头海雕是美国国鸟，雕爪抓着和平（橄榄枝）与武力（箭），嘴上叼着“合众为一”字样，星星与盾牌则代表13个殖民地

背面图案是未完工的金字塔，塔的顶端是上帝之眼，塔底刻着1776年，其他文字含义需猜测，总体含义比较隐讳

国徽正面

国徽背面

★ 美国国旗的发展历程

1600～1707年，不列颠东印度公司（英国东印度公司）的旗帜

1674年，查理二世将红船旗（Red Ensign）确定为英国商船旗帜

看出他们的区别了吗？

1707 ~ 1801 年，对不列颠东印度公司的旗帜做了调整

1776 年，美国 13 个殖民地进一步设计了大联合国旗（The Grand Union flag）

1776 年，美国成立，美国裁缝贝琪·罗斯（Betsy Ross）缝制了第一面美国国旗（13 颗星、13 道杠）

1777 年，另一种样式的国旗出现，其实只是把 13 颗星星换了个摆法

1975 年，美国增加了 2 个州，15 星旗诞生（15 颗星、15 道杠），取名星条旗（Star Spangled Banner），这也是美国国歌的名字

此后，美国国旗的设计理念不变，每加入新的州就改变星星的摆法，横杠则始终用 13 道（因为多一个州加一道杠实在不美观），于是便出现了以下这些形形色色的美国国旗（只列出部分造型比较奇特的）

1819 年的 21 星旗

1837 年的 26 星旗

1847 年的 29 星旗

1863 年的 33 星旗

1876 年的 100 周年纪念旗

1877 年的 38 星旗

1891 年的 44 星旗

1912 年的 48 星旗

★ **如今的美国国旗，其实是一位 17 岁学生设计修改的**

1958 年的春天，在俄亥俄州兰开斯特市的一间教室里：

放学路上，他扫了一眼市政厅上的国旗，于是脑洞大开：

说干就干。回到家他就开始裁剪国旗，这下可把他妈妈吓坏了，因为弄不好会犯亵渎国旗罪。尽管他努力说清缘由想请妈妈帮忙缝制国旗，可他妈妈仍以不愿惹事为由，无情地拒绝了。不过没关系：

可是，普拉特先生并不欣赏罗伯特的杰作（理由是 50 颗星不符合实情），只给了他及格分。

仍然是说干就干，情绪激动的罗伯特扛着国旗就前往当地议员沃尔特·莫勒的家进行一番解释，并请求议员将他设计的国旗带到华盛顿。

当地议员沃尔特·莫勒

之后的两年，罗伯特从毕业到参加工作，那及格的分数也仍旧记录在登记本里，国旗的事他始终挂在心上。但也正如罗伯特所预料和期望的，阿拉斯加和夏威夷在同一年分别成为美国的第 49 个州和第 50 个州。

直到有一天……

1960 年 6 月

得知这一消息后，罗伯特立刻前往华盛顿，亲眼见证了自己设计的国旗飘扬在国会大厦顶部，之后很快便飘扬在各个州的议会大厦顶部，以及驻世界各国使领馆的上空，直到今天都未曾改变。

事后，历史老师普拉特先生客观地修改了罗伯特当年的历史分数，罗伯特不仅没有嘲讽他的老师，反而告诉人们：如果当时老师直接给我高分，或许我不会冲动地去找议员，而我的国旗也将永远埋没，我们要尊重老师教授的知识，机遇才是自己要牢牢抓住的。

给老师的感谢信

THANK YOU!

Dear Teacher Platt,

Thank you for guiding my studies.

I think it is:
super | cool | awesome | yummy | fun | exciting | interesting

It made me feel:

happy playful excited grateful

Love,

Robert G. Heft

太空视角下的美国

说到美国、纽约，可能连小孩子都不觉得陌生，那么美国具体在地球的什么位置呢？右边这幅图可以让你从太空视角观察美国在地球上的位置。

不知道你是否注意到，从太空俯瞰中国和美国，总有一面偏黑色。那其实就是时差在“捣蛋”，因为太阳只能照到地球的一半面积，而中国和美国分别处在地球的两个面，所以只要一面是白天，另一面基本就是晚上了。

美国离中国很远，从中国过去要绕小半个地球，行程在 1 万公里以上，正常走路至少要 80 天，骑车至少要 25 天，坐火车至少要 3 天，坐飞机也要 13 个小时左右。

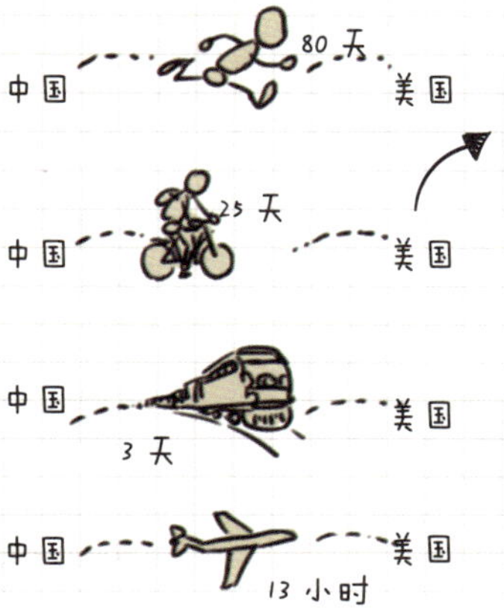

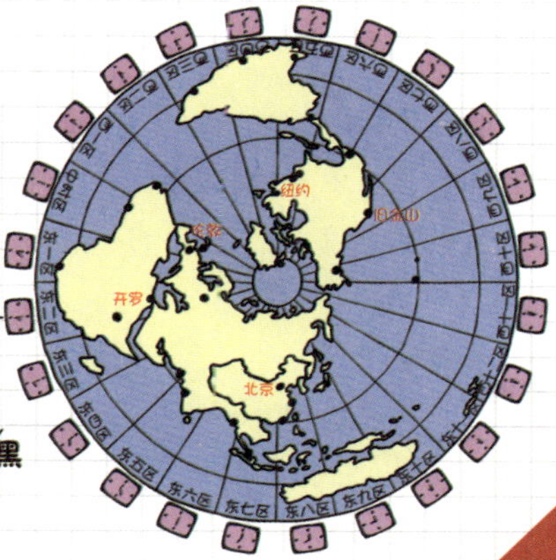

这个大叔不简单

这个大叔你认识吗？他就是深受美国人喜爱、作为美国代名词的“山姆大叔”。

在纽约州的洛伊城，曾有一位名叫山姆尔·威尔逊（Samuel Wilson）的肉类包装商人：

山姆尔·威尔逊

周围群众对他的评价

1812年，美国与英国战争期间，山姆大叔担任纽约州和新泽西州的军需检验员，负责检验肉食的品质，并在牛肉桶和酒桶上打戳，戳印为E.A.－U.S.。有一天，州长来视察：

纽约州州长　身边群众　身边群众

因为前面有趣的小插曲，山姆大叔的名字由此传开，士兵们都认为这是山姆大叔送来的食物，放心可靠，而且这个名字很亲切，让久经沙场的他们倍感温暖。后来，美国著名的漫画之父托马斯·纳斯特（Thomas Nast，圣诞老人的形象也是他创作的）便塑造了山姆大叔的漫画形象，更提升了山姆大叔的知名度。

到了第一次世界大战征兵期间，画家詹姆斯·弗拉格（James Montgomery Flagg）塑造了全新的山姆大叔形象作为征兵招贴画，登上了漫画版顶峰。

1961年，美国国会居然正式通过决议，承认“山姆大叔”是美国的象征，这从法律层面来说是不可思议的，可见山姆大叔的影响力。

美国动漫背后的传奇

★ 女孩子为什么都喜欢芭比娃娃?

其实这都源于一位母亲对女儿的爱。芭比娃娃的发明者是露丝·汉德勒(Ruth Handler),一个玩具制作商。露丝有个女儿叫芭芭拉,有一天,她看到女儿和一个小男孩在玩剪纸娃娃,不是那种胖嘟嘟的天使,而是有身份和职业的少年,这让露丝迸发了灵感:玩具娃娃为何不做成熟点,满足孩子对未来的想象。

芭比娃娃

就在思索期间,露丝去欧洲出差,在德国偶然看到一个非常成熟漂亮的叫“丽莉”的塑料娃娃,它有五官、有头发,穿着好看的衣裙、身材匀称,露丝立马买了几个。回到美国后,她将娃娃改造成一个女孩长大的样子,并设计了各种服装,取名为“芭比”。1959 年 3 月 9 日,芭比娃娃在美国国际玩具展览会正式亮相,从此一发不可收拾,大人与孩子都对它爱不释手。

★ 厉害了,这个人!

你知道吗,蜘蛛侠、钢铁侠、绿巨人、X 战警、超胆侠等,这些超级英雄都是由同一个人创作出来的,他就是斯坦·李(Stan Lee),在世界上享有“蜘蛛侠之父”、美国“漫画界的猫王”的赞誉。但其实,斯坦·李并不会画画,这个名字也不是真的,他的本名叫斯坦利·马丁·利博(Stanley Martin Lieber)。那么他为什么要隐藏姓名呢?不会画画又是怎么创造出这些传奇人物的呢?

蜘蛛侠

绿巨人

钢铁侠

斯坦·李小时候家境不好，但他却十分优秀，学习成绩好到跳级，平时喜欢看一些神秘小说与冒险故事。到了高中，他酷爱写作，参加报纸征文比赛屡次获奖（直接导致那家报社阻止他参赛），是个十足的文艺青年。为了补贴家用，毕业后的他做过很多杂活，如送外卖、写悼念词、送报纸、做文员……直到他的舅舅给他介绍了堂姐夫马丁·古德曼——通俗杂志和漫画书出版商，他才有机会接触到漫画，并且第一部填写内容的作品就是《美国队长》系列漫画的第三部，也就在那时，他给自己起了个笔名“Stan Lee”，原因就是：他不想让他的真名与那些“傻漫画”扯上关系，而是要留一部真正伟大的作品。

后来，公司主编跟老板闹矛盾离开了，堂姐夫（30 岁）便直接任命斯坦·李（19 岁）为临时主编（20 岁成为正式主编）。斯坦·李虽然连漫画的一根线条都勾勒不全，但脑子里都是创意和想法，他只需跟漫画师说出大概的人物形象与故事情节，再由漫画师自由发挥，最后由他来填写对话框内容，完成创作，这不得不说是个奇迹。尤其是创作漫画蜘蛛侠——一个昆虫系超级英雄的时候，让他的堂姐夫很是厌恶，好在没有“一巴掌拍死”，最终成就了蜘蛛侠与斯坦·李的传奇。

★ 超人与蝙蝠侠的故事起源

超人和蝙蝠侠是美国漫画史上资格最老的两个超级英雄，也是合作时间最长的搭档。他们虽然同属于 DC 漫画公司旗下的战友，但最初却是为了相互竞争而被创造出来的，两人从人物设定上就完全相反，他们注定是盟友也是对手。

19 世纪 30 年代，美国笼罩在一片阴云之中，股市大跌，经济萧条，导致人们处在失业、贫困的状态下，同时战争的威胁也迫在眉睫。此时的人们需要希望，需要寻求心灵的安慰，需要一个代表美国强大力量的形象出现，总而言之，他们需要一位英雄来拯救自己。于是在这种情况下，一个披着斗篷，穿着蓝色紧身衣的人物形象诞生了，人们称他为“超人”。他是美国 DC 漫画旗下的超级英雄，初次与人们见面是在《动作漫画》上，他是外星人，拥有各种神奇的力量，在六十余年的发展中，他渐渐成为美国的一个象征，一个文化符号。

随着超人形象逐渐深入人心、大获成功后，DC 漫画公司打算为它的另一份刊物《侦探漫画》创造出一位英雄，以求同超人匹敌。这位没有任何超能力，仅仅借助智慧、训练和装备作战的凡人英雄——蝙蝠侠就此面世。最早的蝙蝠侠人设更像是一个侦探，但后期为丰富人设和贴近人心更改了这一设定，使得蝙蝠侠的形象更加活泼多变。

超人

蝙蝠侠

《动作漫画》的创刊号上超人问世

《侦探漫画》第 27 期蝙蝠侠诞生

牛仔很忙

★ 牛仔的起源

要说美国牛仔的起源，我们就得从美国的牛说起。美国人是欧洲移民的后裔，那美国的牛是从何而来呢？这就要从茫茫的大海说起……

1492 年 10 月 12 日这一天，哥伦布率领一部分人在茫茫大海航行两个多月终于看到了一片未知的大陆。

哥伦布远航美洲

哥伦布同少部分人率先登陆，寻找这片土地上的人们，在这里，他发现了一帮原住民。

原住民很是困惑，这些究竟是什么人，为何从来都没见过……

自此，由哥伦布带来的西班牙牛进入到西印度群岛和中、南美洲沿海一带。

1525 年，西班牙种牛开始从西印度群岛进入北美大陆。1611 年，英国人又把数量众多的牛运到弗吉尼亚的詹姆斯城，从此英国种牛在北美大陆广泛繁衍。到 19 世纪后期，美国养牛最多的得克萨斯州已有 5000 万头牛。

如此多的牛，自然需要更多的人来照看，再加上牛群长途跋涉，跨州越县，需要更多的专业人士带领、照管，因而许多大型牧场开始大量招聘工人。

牧场原有的工人们很是开心，他们将有更多的精力做好手里的工作。

很快，来自各地的人们纷纷前来寻找工作，他们虽然性格不同、身份各异，却有着同样吃苦耐劳的精神。

在广袤的土地，一群热情无畏的开拓者，敢于冒险、吃苦，他们就是西部牛仔最初的群体来源，后被美国人称为“马背上的英雄”。

★ 牛仔的生活方式

19 世纪三四十年代的美国牛仔主要集中在牧场周边，他们不仅要放牧、交易牛群，还要负责维修栅栏、管理牧场设备等，繁忙又辛苦。

在漫长艰辛的旅途中，牛仔们要能吃苦耐劳，同时还要机智、勇敢、沉着、冷静，应付途中各种意想不到的事故和危险。他们的生活与我们想象中的神采飞扬截然不同，饮食上营养不足而且单调，还要饱受寒冷、痢疾和蚊叮虫咬之苦，生活过得非常艰苦。

游牧的生活决定了他们在穿着上的与众不同，牛仔的一身行头当中，每一件都有它存在的价值，而不是摆设。头戴毡帽，身穿带穗的皮套裤、紧致上衣，脚踩高跟马靴，手拿套索是他们普遍的装扮。每当他们出行时就是这样的状态：

而说到牛仔的行头，不得不提的就是马鞍。马鞍是牛仔最重要的一件行头，他们到牧场找工作时，可以不骑马但绝对不能没有马鞍。

由于经常在路上奔波，他们所带的物品都集中在马背上，数量少而精，而且一物多用，如手帕既要擦汗，又要洗脸，还要当抹布。

★ 牛仔地位的影响

19 世纪末，随着美国铁路的修建，以及城镇建设步伐的加快，美国的交通运输日益发达，牛仔的地位也逐渐降低。很多牛仔开始转行从事别的工作，选择继续驰骋在美国西部土地上的牛仔越来越少。到了 20 世纪初，牛仔时代彻底结束。但是他们奋进、开拓的精神却一直激励着后来的美国人，使得牛仔的精神和文化得以延续。

随着美国文化的对外传播，牛仔文化随着文学、电影中的西部牛仔形象逐渐深入人心。

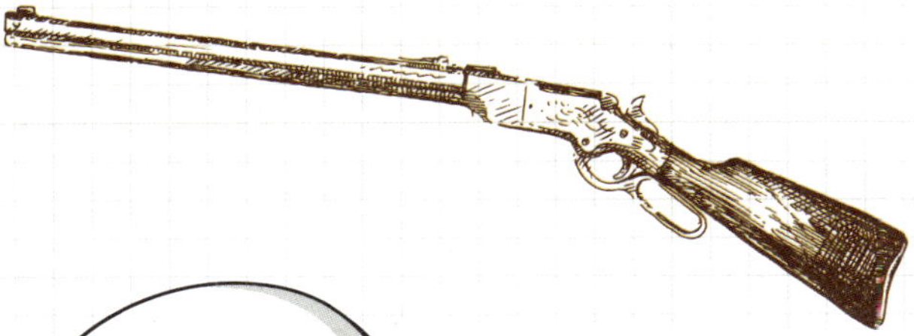

★ 牛仔与牛仔裤

人们经常会把牛仔和“牛仔裤”联系在一起，其实，当年牛仔最突出的标志不是“牛仔裤”，而是他们的帽子。牛仔裤，最初是在19世纪50年代初的美国西部出现的。而牛仔裤的出现则与一个敢于冒险的20多岁年轻人有关，他与牛仔裤的故事究竟是怎样的呢？

1853年的一天，一个名叫李维的犹太年轻人放弃了原本无味的工作，加入到浩浩荡荡的淘金人群之中，经过漫长的路程来到美国旧金山。

李维·斯特劳斯

他发现自己并不是第一个去淘金的人，在如此众多的淘金人群中，能实现发财梦吗？他陷入深深的思考之中

19 世纪 40 年代，加利福尼亚发现金矿，人们纷纷赶去淘金

不久，他发现淘金工人们都生活在帐篷里，离市中心很远，买东西十分不方便，自己也深有体会，便不再做那个遥不可及的金子梦，而是开了一家日用品小店。

果然不出所料，小店生意很好。一天，他又乘船外出，采购了许多日用百货和一大批搭帐篷、马车篷所用的帆布。由于船上旅客很多，那些日用百货还没等运下船就被人们抢购一空，但帆布却无人理会……

忽然，他看见一位淘金工人迎面走来，注视着帆布：

于是，回去之后他效仿美国西部的一位牧工杰恩所特制的样式新奇、结实耐用的棕色工作裤，用这批厚实的帆布制作出了第一条日后被称为“牛仔裤”的帆布工装裤，当时它被工人们称为“李维斯工装裤”。

一批帆布都制作成了工装裤后，李维带着它们前往淘金工地。

裤子很快被销售一空，并且很受淘金者们喜爱。一天，一位淘金工人遇到了同样外出采购物品的牛仔。

一传十，十传百，“李维斯工装裤”以其结实、耐磨、穿着合适，获得了当时西部牛仔和淘金者的喜爱，大量的订单源源不断，后被称为“牛仔裤”。PS: 李维斯 =LEVI 'S

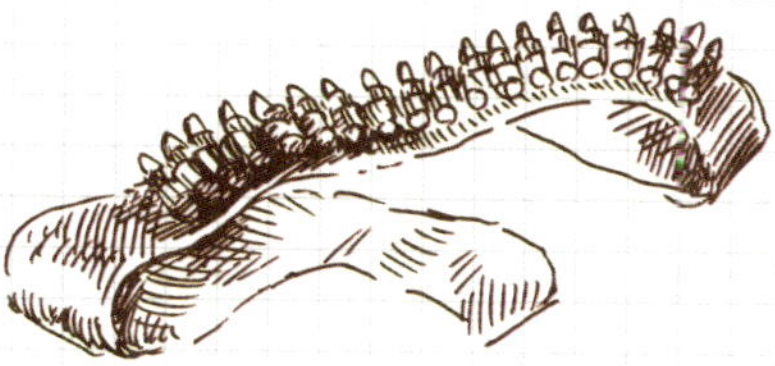

★ 番外

说到牛仔，可能很多人都听过周董的《牛仔很忙》这首歌曲，歌曲有着浓郁的美国西部乡村民谣风格，清新畅快且活泼有趣味，不知歌曲的内容你是否还记得。

歌词大意：
作为一个牛仔，去酒吧却喝牛奶
为何不喝啤酒？因为啤酒伤身体
那些靠武器嚣张的人不长眼睛
赤手空拳就能把他打回原形
哈哈，不用那么麻烦
你们一起上好了，我要赶时间
天天这么打，观众看累了，我也累
所以不用麻烦了
你们有多少人一起上好了
你可知道
正义在呼唤我，美女也需要我
因为牛仔很忙，我很忙的
作为牛仔，我骑的是毛驴，因为跨不上马
实在是尴尬洗澡还要洗泡泡浴
那样能玩玩具
你看我多么善良，身上穿的假牛皮
跌倒也少压草皮
哎呦 子弹壳可不长眼
所以我答应过上帝不到紧要关头
尽量只射橡皮筋，好了老板
来杯奶昔
算是逃命前请你，也喂喂我的毛驴

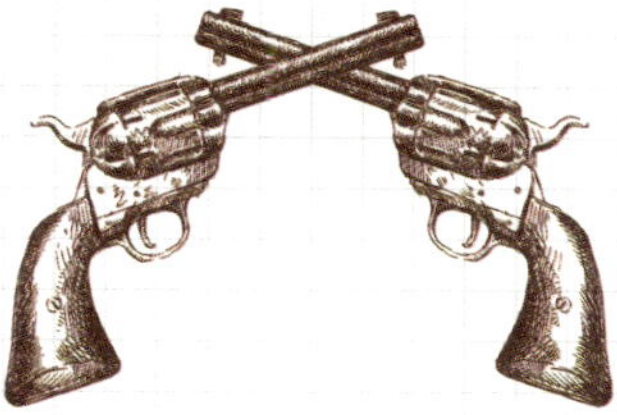

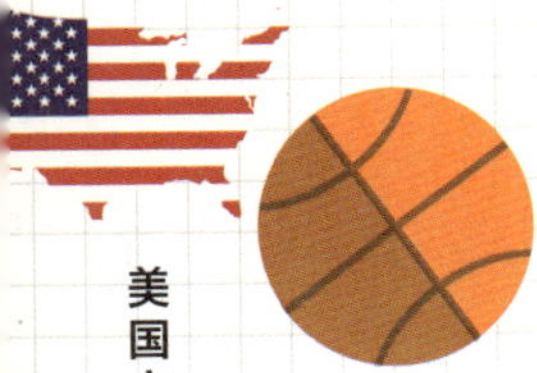

美国人都是NBA里的大块头吗

每日运动健身的美国 NBA 明星们个个都是身材健硕的大块头，难道美国人都是这样的吗？他们真实的生活状态又是怎样？

我们先来看一组对比图：

健康帅气的大块头们，更多的时候都是吃着营养的餐点，每天运动健身打比赛，比起普通人挥洒了更多的汗水，才有着如此强壮的身躯

多数美国人，他们用餐快速、省时，喜爱食用快餐、甜点之类的食物，大部分不坚持健身的人，很难保持良好的身材

美国是一个交通工具非常发达的国家，人们出门上班、购物、游玩，甚至到公园散步都是开车出行，且美国人多数生活居住在别墅房子内，不用每天爬楼梯，就算是住在楼房里的人，每天也都是乘坐电梯上下，从而大大减少了他们的运动量。下面让我们一起走进美国上班族的日常。

你最近在喝什么牌子的咖啡啊！我想换一种看看
都中午了，还是喝杯咖啡提提神吧
琳达那拿的，你去她那看看
琳达你又在纠结吃什么吗，我带了很多汉堡和热狗，一起吃吧！
我这有新品种的咖啡，都给你准备好了，在电脑旁，拿去尝尝
我最近都在吃热狗，不吃了，让我再想想
还有好多工作没完成呢，没法活动

早在 20 世纪 80 年代初，美国人平均每人摄入的卡路里（即热量）就已经超过正常人体需求的一倍，而如今在这个油炸食品、烘焙甜品等盛行的时代，许多美国人摄入的卡路里更是严重超标，再加上生活、工作的压力大，根本无心运动，因此许多人才会有着肥胖的烦恼。

尽管如此，还是有许多热爱运动和健身的美国人，他们通过良好的饮食习惯、积极的运动，保持着健康的体态。再加上美国人本身就体型高大，而且平时饮食摄入的蛋白质含量充足，所以身材健硕的人也很多。

惊羡，美国人很少出国旅游的原因

★ 我是美国人

美国人出国旅行时，很少有当地人把他们当成美国人看待，多半认成了其他国家的人，这源于他们的确很少有人出国旅行，所以一般人都不会认为自己遇到了地地道道的美国人。

★很少选择出国旅行究竟为何?

在国外很少见到美国游客的原因究竟是什么呢？原因其实有很多方面，下面让我们一起了解这些影响美国人出国旅游的因素。

1. 本土旅游资源丰富。美国是一个地域辽阔、拥有秀丽山川和蓝色海洋的国家，美国本土自身能够提供的旅游景点就多种多样，再加上很多现代化大都市又开发出许多娱乐设施供人们消遣，美国人不用出国就可以体验各种休闲方式。

美国拥有各类国家公园，他们不用走出国门就可以看到山川、峡谷、瀑布、大草原等自然景观。同时，美国的交通也十分发达，几乎每个家庭都有私家车，这使得许多家庭利用周末的时间就能够欣赏到大自然的无限风光。

2. 债务修身。很多美国人从高中开始就过着负债般的生活，努力学习，然后上大学背负一笔巨额债务，上班后开始偿还这些债务，根本无心再消受旅行的支出。

3. 一假难求。美国每年带薪休假的天数很少，而且员工也担心休假期间会错失晋升机会，所以很多美国人一年到头不过几天的假期，这导致他们根本没有足够的时间进行长途旅行，更别提远飞其他国家。

4. 护照持有率低。很多美国人都没有护照，出国游玩需要支出大额的国际旅行费用，导致许多美国人根本没有办理护照的想法。

美国国家公园推荐			
名称	介绍	资讯	美图
大峡谷国家公园（Grand Canyon National Park）	大峡谷国家公园是世界七大奇景之一，拥有很多徒步路线与自驾路线，在这里可以看到雄伟壮观的科罗拉多大峡谷，那色彩斑斓的自然奇观让太多人沉醉于此	地址：亚利桑那州科罗拉多河 电话：928-6387888 网址：www.nps.gov/grca/index.htm	
黄石国家公园（Yellowstone National Park）	黄石国家公园成立于1872年，是世界上第一座国家公园。公园遍布山峦、石林、冲蚀熔岩流和黑曜岩山等地质奇观，被美国人自豪地称为“地球上最独一无二的神奇乐园”	地址：怀俄明州西北角，并向西北方向延伸到蒙大拿州和爱达荷州 电话：307-3447381 网址：www.nps.gov/yell/index.htm	
优胜美地国家公园（Yosemite National Park）	优胜美地国家公园是一个美如仙境的地方。这里拥有气势磅礴的瀑布、巍峨雄伟的花岗岩、清澈的溪流、高大的巨杉和丰富的野生动物，最不可错过的当属呈U字形的优胜美地山谷，巨大的半圆丘花岗岩，以及优美的麦斯德河	地址：加利福尼亚州中西部 电话：209-3720200 网址：www.nps.gov/yose/index.htm	
死亡谷国家公园（Death Valley National Park）	死亡谷国家公园是世界上最低和最干旱的地区之一，拥有丰富的地质地貌。公园内既有沙漠、峡谷、高山，也有盐碱地、沙丘、火山口、雪山等地貌，还有地壳里各式各样的断层、冲积扇平原等，非常壮丽、神秘	地址:加利福尼亚州的弗尼斯克里克 电话：760-7863200 网址：www.nps.gov/deva/index.htm	

★普通美国人的工作与学习

★ 美国上班族节假日

新年（元旦） 1天

圣诞节 1天半

马丁·路德·金纪念日 1天

总统日 1天

阵亡将士纪念日 1天

劳动节 1天

哥伦布纪念日 1天

感恩节 1天

美国独立纪念日 2天啊！去哪游玩，时间都不够！

退伍军人节 1天

Happy

做游戏

美国地图连连看

美国城市连连看

纽 约 ●

旧金山 ●

波士顿 ●

拉斯维加斯 ●

洛杉矶 ●

华盛顿 ●

● 迈阿密

● 费 城

● 芝加哥

（答案见 P181）

第二部分

美国霸道逆袭史

我们是印第安人，不是印度人

★ 为何被称为印度人

15 世纪后期，各欧洲国家开始进行经济竞赛，纷纷通过建立贸易航线和开拓殖民地来扩充财富。1492 年 8 月 3 日，在西班牙女王的支持下，哥伦布率 87 名船员，分乘 3 艘船从西班牙巴罗斯港出发，开始远航，前往东印度群岛。此次横渡大西洋的壮举，使得他偶遇到如今的美洲。哥伦布和他的水手们在茫茫大海中经过两个多月的航行，终于在 1492 年 10 月 12 日到达并命名了巴哈马群岛的圣萨尔瓦多岛，踏上了这片新大陆——美洲（亚美利加洲）。

哥伦布和他的船员们

印第安人

★ 印第安人的起源

大约在两万多年前，一批来自亚洲的流浪者，经由北美地区到达中南美洲，这些人就是印第安人的祖先。

亚洲原始人

亚洲原始人尾随动物们穿过白令海峡大陆桥来到美洲，成为这里远古文明的开山鼻祖。而后，由于冰川消融，海平面上升，滚滚波涛重新淹没了大陆桥，再次隔绝了两个大陆之间的联系，使得这些外来者成为独立的美洲大陆原住民。

★ 印第安人的名称由来

从 1492 年到 1502 年间，哥伦布在西班牙国王的资助下 4 次横渡大西洋，先后到达巴哈马群岛、古巴、海地、多米尼加、特立尼达等岛屿，开辟了横渡大西洋到美洲的新航路。但直到哥伦布 1506 年逝世，他都认为自己到达的是印度。

哥伦布离开西班牙准备远航的场景

直到后人发现了哥伦布的错误后，才将美洲的印第安人称为“西印度人”，而把真正的印度人称为“东印度人”来加以区分。中文将“西印度人”翻译为“印第安人”，避免了混淆视听的麻烦。到了 20 世纪，许多美洲国家的印第安人的地位有了明显改善，一些政府机构或民间组织开始对“印第安人”这一名称进行“正名”，例如在加拿大往往被称为更加正确的“第一民族”（First Nations）等。

占据北美洲

16～18 世纪，正在进行资本积累的西欧各国相继入侵北美洲，包括圣劳伦斯流域下游大湖区、密西西比河流域等处，均被法国人占领建立起新法兰西；而包括墨西哥和美国西南部的广大地区，则被西班牙占领建立起新西班牙；而要说占地盘最强的，要属当时全球实力最强的日不落帝国——英国。

英国历史上主要的殖民地

亚洲地区	欧洲地区	非洲地区	美洲地区	大洋洲地区
印度、新加坡、孟加拉国、巴基斯坦、马尔代夫、斯里兰卡、马来西亚、文莱、缅甸、香港等	塞浦路斯、马耳他、爱尔兰	南非、坦桑尼亚、津巴布韦、尼日利亚赞比亚、毛里求斯、乌干达、肯尼亚等	美国 13 州、加拿大、圭亚那、林纳达、牙买加、伯利兹等	澳大利亚、图瓦卢、新西兰、所罗门群岛、萨摩亚、斐济等

17 世纪初，英国开始向北美移民，最初的北美移民主要是一些失去土地的农民、生活艰苦的工人，以及受宗教迫害的清教徒。但迫于寒冷，殖民团体于 1607 年又返回英国。 在之后的 150 年间，美洲大陆又陆续涌来许多殖民者，他们定居于沿岸地区，其中大部分人来自英国， 也有一部分人来自法国、德国、荷兰、爱尔兰和其他国家。

1620 年，英国一批分离派清教徒乘“五月花号（Mayflower）”阴差阳错前往北美，并在船上签订了闻名世界的《五月花号公约》。11 月 21 日他们在普利茅斯上岸后，清教徒与 41 名自由的成年男人共同签署的《五月花号公约》，内容为组织公民团体，拟订法规等，奠定了自治政府的基础，也被许多当代人认为是英国殖民美国的“文明史”的开端。

17 世纪中期，英国资产阶级革命胜利后，经济和军事力量大为增强。

英国开始进入大规模掠夺殖民地的新阶段，并与其他殖民国家展开了激烈的争夺。1687 年英国又往北美输送 91 个男人、17 个女人和 9 个孩子，他们在乞沙比克海滩建立了詹姆士镇，这是英国在北美建立的第一个永久性殖民地。

从 1607 年到 1733 年，英国殖民者先后在北美洲东部（大西洋沿岸）建立起 13 个殖民地，从而奠定了当时世界霸主的地位。

1619 年，詹姆士敦移民与印第安人发生冲突

美国最早的 13 个殖民地的名称（由北到南）		
中文	英文	现在名称
新罕布什尔	NewHampshire	新罕布什尔州
马萨诸塞	Massachusetts	马萨诸塞州（分离出去一个缅因州）
罗德岛	Rhode Island	罗德岛州
康涅狄格	Connecticut	康涅狄格州
纽约	New York	纽约州
新泽西	New Jersey	新泽西州
宾夕法尼亚	Pennsylvania	宾夕法尼亚州
特拉华	Delaware	特拉华州
马里兰	Maryland	马里兰州
弗吉尼亚	Virginia	弗吉尼亚州（分离出去肯塔基州和西弗吉尼亚州），这是英国最早殖民的地方
北卡罗来纳	NorthCarolina	北卡罗来纳州（部分地区分离给田纳西州）
南卡罗来纳	SouthCarolina	南卡罗来纳州
乔治亚	Georgia	乔治亚州

天高皇帝远，我们要翻身做主人

★ 高压政策被反抗

18 世纪中期，殖民地的经济、文化、政治相对成熟，殖民地议会仍信奉英王乔治三世，但是他们已经追求与英国国会同等地位，并且不想成为英国的次等公民。此时，英法为争夺海上霸权和掠夺殖民地而进行的七年战争，以英国胜利而告终。英国在北美接管了加拿大，还控制了密西西比河以东的新法兰西，对北美殖民地全面加强控制，宣告阿巴拉契亚山脉以西为王室产业，禁止殖民地人民染指，并征收重税，严厉缉私，限制经济活动，严重损害了殖民地各阶层人民的经济利益。

从 1619 年弗吉尼亚建立议会以来，各殖民地相继成立议会，与英国相抗衡，1765 年 9 个殖民地举行抗议印花税大会，掀起反抗怒潮。另一面，英国因急于巩固领土，便向北美殖民地人民征收重税并实行高压手段，引起殖民地人民的不满，由此引发了一系列反抗事件，加深了英国与殖民地之间的矛盾，促使殖民地人民萌生了独立的念头。而“波士顿倾茶事件”更加深了彼此的矛盾。

使得英国政府恼羞成怒的“波士顿倾茶事件”究竟是怎样的呢？

1773 年英国国会颁布《茶税法》，用来保护英国扶持的东印度公司的利益，导致当地商人的经营权益受到很大影响，无法生存。同年 12 月 16 日，波士顿 8000 多人集会抗议，当天晚上：

在塞缪尔 · 亚当斯 (Samuel Adams) 和约翰 · 汉考克 (John Hancock) 的领导下，60 名“自由之子”化妆成印第安人登上了茶船。

他们打开船舱，劈开木箱，把那批用瓷器和漆器精装密封的茶叶倾入海里。

在岸上人群的围观下，这些示威者将东印度公司3艘船上价值18000英镑的342箱茶叶，3个小时内全部倾倒入海里。

1773年12月23日的《马萨诸塞时报》描述道，“涨潮时，水面上飘满了破碎的箱子和茶叶。自城市的南部一直绵延至多彻斯特湾，还有一部分被冲上岸”。后来，美国在已经废弃的茶叶码头上专门立了一块碑，用来纪念这一重要的历史事件。

“波士顿倾茶事件”的发生使英国政府恼羞成怒，认为这是对殖民当局正常统治的恶意挑衅。英国政府于1774年3月，颁布了5项高压法令，从政治上、军事上加紧了对殖民地的控制与镇压。这5项高压法令后被称为“不可容忍的法令”。

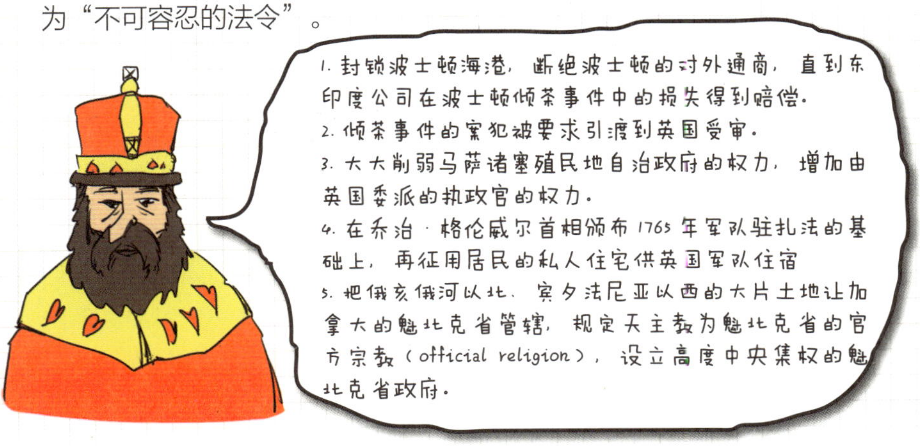

英国政府的高压政策，引发了各殖民地群体的不满，1774 年 9 月 5 日，除佐治亚外的各殖民地代表在费城召开了第一届大陆会议。

该会议主要围绕民族独立问题展开激烈的争论。

会议期间，北美各地人民到处举行集会，通过决议，以表明对时局的态度。

直至同年 10 月 26 日，会议最终通过了与英国断绝一切贸易关系的决议。会议通过的《权利宣言》，要求英国政府取消对殖民地的各种经济限制和 5 项高压法令，重申不经殖民地人民同意不得向殖民地征税，要求

殖民地实行自治，撤走英国驻军。如果英国不接受这些要求，北美殖民地将于 12 月 1 日起抵制英货，同时禁止将任何商品输往英国，并向英王呈递请愿书。

原本希望能寻找一条合理的途径，与英国和平解决问题，然而英王却始终坚持殖民地必须无条件臣服于英国国王，并接受处分。

1775 年 4 月 18 日，在波士顿附近的列克星敦和康科德，殖民地爱国者打响了反抗的第一枪，揭开了美国独立战争的序幕。

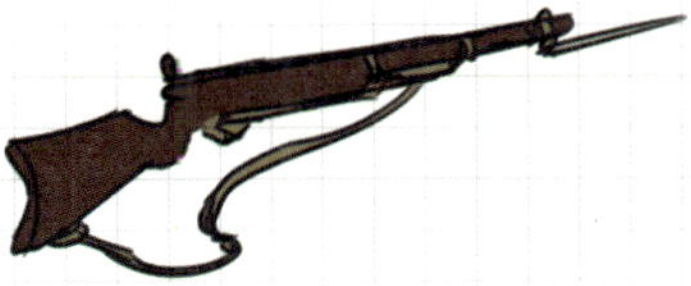

★历史上著名的“列克星敦的枪声”

1775 年 4 月，马萨诸塞的总督兼驻军总司令盖奇收到消息：在波士顿附近的康科德镇上，有“通讯委员会”的一个秘密军需仓库。盖奇立即传下命令，派英军队前往搜查，没收这些军火。

两天以后，一支由 800 名士兵组成的英军，连夜出发赶往康科德，途中他们来到了离康科德还有 6 英里（约 10 千米）的小村庄列克星敦。

指挥官史密斯

英军到达列克星敦前几日的一天：

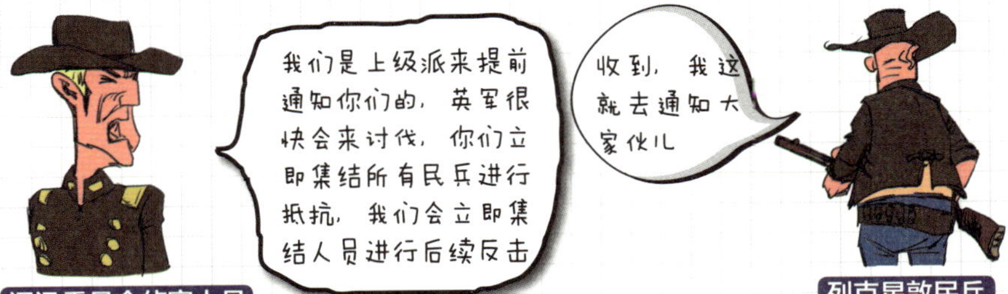

通讯委员会侦察人员

列克星敦民兵

很快，这名民兵把消息转达给了其他列克星敦的民兵，让他们做好防御准备，在村外的草地上严阵以待。

没过几日，英军就抵达了列克星敦，他们发现民兵后，下令开火，民兵们立刻还击，枪声响彻列克星教的上空，反对英国殖民主义、争取民族独立的第一仗就此打响。

民兵们很快撤离战场，分散隐蔽起来。英军指挥官史密斯初战告捷，非常得意。他指挥英军进入村庄，大肆搜捕，却没有找到一个民兵。而后他们集结军队，直奔康科德。

英军到达康科德，却发现镇上空无一人，搜遍整个村子，仍是一无所获。于是史密斯下令返回波士顿，这时附近各村镇的民兵已经聚集在一起，向这里奔来，包围了正在撤退的英军，埋伏好的民兵四面伏击，打得英军措手不及，落荒而逃，逃回列克星敦的英军又被当地小村子的民兵阻击。

列克星敦和康科德的战斗震动了大西洋沿岸的 13 个殖民地，美国独立战争就此开始。1775 年 5 月，第 2 届大陆会议召开， 坚定了战争与独立的决心，会议还起草了著名的《独立宣言》， 提出充分的理由来打这场仗，并决定组建大陆军，华盛顿被任命为总司令。次年 7 月大陆会议通过《独立宣言》，阐明了人生而平等，享有追求幸福、自由的权利，同时还历数了英国殖民主义者在美洲大陆所犯下的罪行，最后宣布 13 个殖民地脱离英国独立。

★ 独立战争之扭转战局

1776 年 8 月到 1777 年 9 月，美国人民在华盛顿将军的领导下英勇抗击英军，保卫新大陆。而后来的萨拉托加大捷，更是促成美法两国于 1778 年结成同盟，使得美国从战略防御转为战略进攻，成为美国独立战争的转折点。

说起萨拉托加大捷，要从弗里曼农庄大捷说起。

英军将领威廉·豪将军自一举夺取费城之后，完全沉醉于胜利的喜悦中，而他的副将柏戈因却沉不住气了，认为豪将军坐镇费城是无能保守的表现，为了快速镇压大陆军，他未经过威廉·豪将军的批准，便决定把自己的兵分成三路，前去攻打阿尔巴尼。

1777 年 9 月，英军行至弗里曼农庄附近，不料遇到美军阿诺德的部队，双方很快交火。战斗开始后，阿诺德发现敌人右翼与中路之间兵力较弱，便协同摩根插入敌阵，使得敌军阵营大乱，有崩溃之势时，恰巧左翼的里德塞尔驰兵来援助，才阻止了英军败势。阿诺德马上请求使用后备队，但他的上司盖茨不愿发兵，阿诺德只好就此罢休。这次战役，英军伤亡 600 人，美方伤亡 300 人，美国历史上称这次战争为“弗里曼农庄大捷”。

战后，盖茨接到阿诺德的抗议书很是不满，便免除了阿诺德的职务。而另一面，柏戈因在得知阿诺德与其上司发生矛盾并被免除职务的消息后，喜形于色，趁英方援军赶来前挑选了 1500 名精锐士兵，准备向美军发动第二次进攻。

柏戈因率队行进一段路程之后，在茂密森林的掩护下，把部队布列在距美军左翼不到 314 英里（约 505 千米）的地段上。

柏戈因

英军

美军中路先头部队人员

当日下午，美军中路的先头部队敲起军鼓，准备迎战。美军总部军官得知后，立马派遣副官威尔金森前去侦察。

威尔金森从一块开阔地的高坡上，看到了敌军的行动……

威尔金森回到军营，向盖茨报告了敌军的位置和行动情况。盖茨听到报告后很快就拟定好了一项进攻计划……

摩根和普尔接到盖茨的命令后，立即向英军占领的高地发起进攻。另一面，柏戈因却刚命令自己的军队摆好战斗队形。

柏戈因

英军柏戈因部队

此时，普尔率领的部队沿着阿克兰的掷弹兵和威廉斯的炮兵驻扎的山坡不断向前挺进，阿克兰的掷弹兵首先遭到了猛攻。另一面随着一批又一批英军部队的到来，攻击面扩大到整条战线。

英军黑森炮兵队

美军士兵

就这样，英军的许多大炮被美军夺走，美军就用这些大炮来轰击它原来的主人。在之后的贝米斯高地战役中，由从营地逃跑前去参战的阿诺德率领部队冒死激战，打退英军，使得柏戈因不得不带领部队退到萨拉托加。

由于缺少食物，连夜赶路的英军已经疲惫不堪，外加大雨倾盆，道路高低不平，积水很深，使得英军行进艰难。

美军费洛斯将军部队

由于柏戈因的炮兵不能过河，他就试图退到通往加拿大的乔治堡，以开辟前往爱德华堡的道路。但是，他们很快被盖茨派来的部队围剿，损失了很多运粮船，人员伤亡惨重。最后，柏戈因无奈决定放弃大炮和行李，让士兵们各自背负一些粮食连夜挺进，强渡爱德华堡周围的浅滩。

但柏戈因的计划还没来得及实行，就被美军三面包围。与此同时，内部的加拿大人和保皇派分子开小差、印第安人全部变节、手头的粮食不足和外部遭受美军炮兵部队轰炸和步枪团的袭击等多方势力的施压，使得柏戈因最终投降。

柏戈因在投降书上签了字，大陆军由此得到了壮大。这就是历史上著名的萨拉托加大捷，也是美国独立战争的转折点。

柏戈因签署投降协议

★ 同盟国参战

自独立战争打响，美国便成立“秘密通讯委员会”寻求国外援助，在亲英派代表和英国殖民统治的压力下，通讯委员会小心翼翼地寻求外部援助。与此同时，英国的“敌人们”也在做着同样的事情。

1775 年 12 月一个寒冷的夜晚：

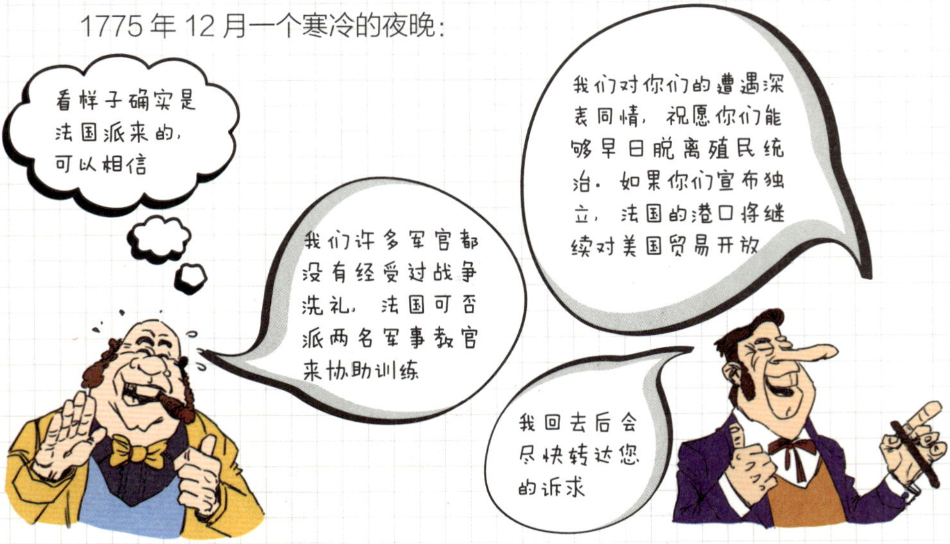

美国通讯委员会代表富兰克林

法国联络北美人员邦弗洛尔

之后，美法双方又接连进行了第二次、第三次会面，使得邦弗洛尔确信美国人已经为全面抗英战争做好了充分准备，北美一定会独立。这一事件促使美法于 1778 年建立同盟，而后西班牙和荷兰也加入美国反英阵营中，大大削弱了英国封锁北美海岸的军事力量。

在同盟国的帮助下， 英、美双方力量趋于平衡。多次战争后，美国大陆军于 1781 年 4 月开始进行反攻，由格林率领大陆军南下转战南卡罗来纳，迫使英军退守海岸线。但同时，英军康沃利斯北上弗吉尼亚，追击拉法叶侯爵率领的一支大陆军，最终拉法叶摆脱了英军的追击。

1781 年 8 月，康沃利斯奉英军克林顿将军命令统率 7000 名英军死守弗吉尼亚的约克镇。这一错误战术给同盟国制订围剿英军计划创造好的机会，最终成就了著名的约克镇战役。而这场决定性的战役要从这里说起。

1781 年夏季，英国海军和西班牙海军在直布罗陀作战，放松了对法国人的监视。

法国援军

同年 7 月 6 日，法军和美军在纽约市北方的白原市会师，商讨要在何处发起联合攻击。美军代表华盛顿相信进攻纽约是最佳选择，而法军代表罗尚博伯爵及华盛顿部下则反对这一行动。而后华盛顿多番侦查纽约地区，并得知了海上援军将行至弗吉尼亚地区的这一消息，最终放弃攻占纽约的计划，并开始计划行军至南方的弗吉尼亚。

美法联军向弗吉尼亚进军前：

一方面：

另一面：

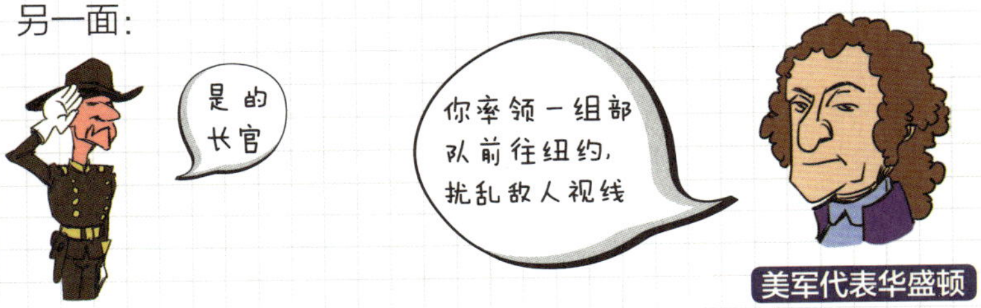

英军间谍成功截获电报，并报告给克林顿将军，克林顿将军深信美军的主攻方向是纽约，而康沃利斯守卫的约克镇没有受围之危。

1781 年 8 月 19 日，乔治·华盛顿将军和罗尚博伯爵率军队主力悄悄向约克镇进军，而德格拉斯伯爵率领的法国舰队北上，也于 8 月底抵达切萨皮克湾，卸下 3000 援兵和 50 万银圆的军饷后，和华盛顿率领的南下大军胜利会师。华盛顿、罗尚博、德格拉斯“三巨头”会晤，共同制订围攻约克镇的作战计划。

此时康沃利斯眼看一夜之间身边到处都是敌人，立刻发电报求援。

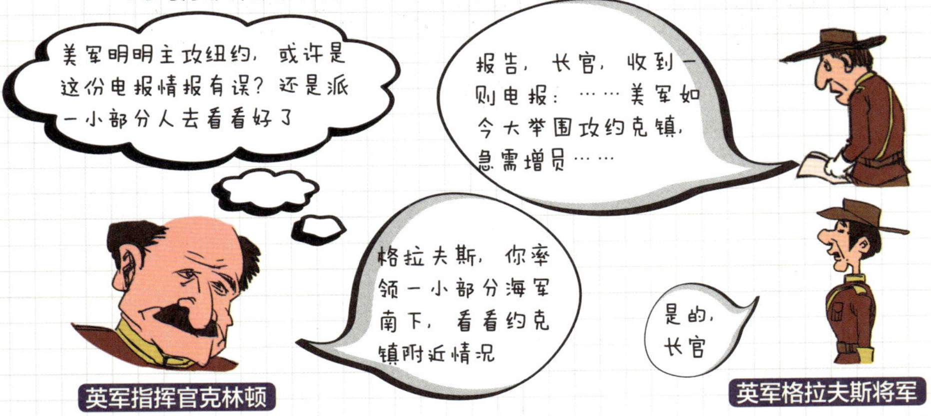

1781 年 9 月 5 日，英国舰队来到切萨皮克湾，格拉夫斯发现法军舰队兵力是英军的两倍。不过数量上占据优势的法国人也有些畏惧英国皇家海军，并不敢贸然进攻，双方处于僵持状态。这时远在纽波特的法国舰队带着攻城用的重炮赶来，格拉夫斯将军只能趁机撤回纽约。

陆军方面，此时的美法联军已将约克镇围得水泄不通。1781 年 10 月 14 日，华盛顿下令进攻城外的两处军事要塞。

美军汉密尔顿上校

占领高地后，美法联军把大炮架在了英军的“头顶”，集中火力，开始向城中开炮，经过几番轰炸后，康沃利斯和其手下见战败局势已定，心生绝望，便于 10 月 17 日早晨开城投降。次日，英军代表与美军、法军代表开始谈判，最终英军于 10 月 19 日签署投降条约。

美军赢得了这场决定性的胜利，约克镇战役之后，英国议会被迫赞成议和。1783 年英美两国共同签订《巴黎和约》，至此，英国正式承认美国独立。

起来，不愿做奴隶的人们

★ 自由州 VS 蓄奴州

美国独立后，各殖民地领导人共同组建了邦联国会，宣布美利坚合众国成立。1787 年召开的制宪会议上，美国北部对南部做出了重大妥协，默认奴隶制的存在，为后期南北方的政治危机埋下了巨大的伏笔。

1790 年，南北双方的统治者就新州变为自由州还是蓄奴州的问题达成协议，规定在北纬 39° 43′ 处划一界线，界线以北为自由州，界线以南为蓄奴州，以后新州加入合众国都依照该制度执行。19 世纪上半叶，南、北方经济沿着不同方向发展，然而在西部新开辟的地区，是推广自由劳动制还是奴隶制上，双方始终争论不休。

1818 年，密苏里居民人数达到 6.6 万人，符合建立新州的条件，当地政府申请作为自由州加入联邦，可是南方则坚持将该地域辟为蓄奴州。

最终，北部的资产阶级向南部的种植奴隶主做出让步，于 1820 年签订《密苏里妥协案》，取得了暂时的平衡。

★ 南北内战爆发

19 世纪 20 年代后，南北双方在实施自由劳动制还是奴隶制上的争论进一步激化，南方奴隶主利用其在国会及政府中的统治地位，连续取得政治胜利，激起北方广大人民的愤慨。

此时，各类废奴运动组织开始在美国出现，19 世纪 30 年代至 40 年代间，各类反奴隶制协会在北部各地纷纷建立，并组织各类声势浩大的群众运动，抨击奴隶制的罪恶，不断推动废奴运动向前发展。

1859 年爆发的约翰 · 布朗起义将废奴运动推向高潮，与此同时，南方的黑人奴隶也不断集结人群展开暴动。1860 年，以反对奴隶制为宗旨的共和党候选人林肯当选总统，那些蓄谋叛乱已久的南部奴隶主集团决定脱离联邦，于 1861 年 2 月另行宣布成立维护奴隶制的南部同盟。同年 4 月 12 日至 14 日，南方邦联军队先发制人攻占萨姆特要塞，南北战争由此爆发。

战争初期，虽然从各方面来看北方实力都远超南方，但南方的精良军队及装备也不容小觑。在 1861 年 7 月马纳萨斯战役和 1862 年的半岛战役，北方军由于在军事装备及军队素养上逊于南方，结果损失惨重。此时，共和党内部的激进派及社会上的废奴主义者提出解放奴隶和武装黑人的主张，林肯总统也意识到解放奴隶的必要性，自此黑人也加入了反抗的道路。

1863 年 1 月 1 日，林肯颁布的《解放黑人奴隶宣言》生效，叛乱州的黑人奴隶都被视为自由人，允许参军。

黑人群体

短期内即有 18.6 万名黑人参加联邦军队，随着黑人的加入，不得民心的南方军队接连败退。1864 年，北方军队在东、西两线同时展开强大攻势，同年 9 月，谢尔曼将军麾下的北军一举攻下亚特兰大，两个月后成功实施了“向海洋进军”的作战方案，这次进军彻底摧毁了南方的各种军事设施，沉重地打击了南方的经济力量，使南方政治、经济均陷于瘫痪。

1865 年初，奴隶们纷纷逃亡，种植场经济濒临瓦解。同时，南方内部也出现反对派，许多小农场主加入“联邦派”从事反战活动。南方的逃兵与日俱增，粮食及日用品匮乏，最终南部同盟军总司令罗伯特 · 李将军于 1865 年 4 月 9 日投降，南北战争以联邦的胜利宣告结束。

闷声发大财，却被炸了一通

★ 美国的飞速发展

美国内战（即南北战争）后，工业化进入成熟阶段，自 19 世纪 60 年代后期的第二次工业革命开始，美国经济迎来了一个飞速发展的时期。伴随着大量投资、技术变革，美国很快从一个农村化的共和国变成了城市化的国家。直到 1914 年，第一次世界大战爆发。

“一战”前后的美国经济对比：

第一次世界大战爆发后，美国宣布中立，一直潜心发展经济，并向交战双方提供军火和对协约国进行贷款。战后，所有国家都被掏空了，而美国却在一旁洋洋得意，成为最富有的国家。

★ 不料，有人来袭

1939 年 9 月德国进攻波兰，第二次世界大战全面爆发。1941 年 3 月，美国签署《租借法案》，向与德、意、日作战的国家提供物资。本想着继续持观望态度，专心赚钱，谁知道，12 月 7 日日本偷袭珍珠港，重创了美国太平洋舰队。次日，美英对日宣战，美国成为“二战”的参战国之一。

日本偷袭珍珠港

英美联军在对日战争开始时接连败退，直至 1942 年 5 月，美军在中途岛海战中击退日军，以及同年底至次年初，在瓜达尔卡纳尔岛战役中击败日军，美军才由守势转为攻势。

1943 年 2 月，斯大林格勒战役的胜利，使欧洲反法西斯战争的局势发生根本性变化。同年 7 月，美英军队在西西里岛登陆，9 月在意大利南部登陆，10 月意大利宣布投降。1944 年 6 月，英、美等国联军在法国诺曼底登陆，开辟了欧洲第二战场。1945 年 5 月，德国宣布无条件投降。

1945 年 7 月，美、英、苏三国首脑举行波茨坦会议，美英两国就处理德国、波兰等问题与苏联达成协议。美、英、中三国发表了《波茨坦公告》，要求日本无条件投降。美苏就苏军对日作战也取得了一致意见。8 月 6 日，美军在广岛投下第一颗原子弹。8 月 8 日苏联宣布对日作战，9 日美军又在长崎投下第二颗原子弹，日本最终投降，第二次世界大战得以结束。

美军投放原子弹

美国的总统可没皇帝威风

★ 总统选举很复杂

美国总统由选举产生，每届任期 4 年，可以连任一届。许多人以为，美国总统是美国人在大选年直接到投票站投总统候选人的票而产生，显然这种概念是错误的。那么总统究竟是怎样选举产生的呢？

实际上，美国总统是由选举人团体选举产生，而并非选民直接参与选举。各州选民在大选年会先选出本州的总统选举人，其人数与该州在国会中的议员人数相等。

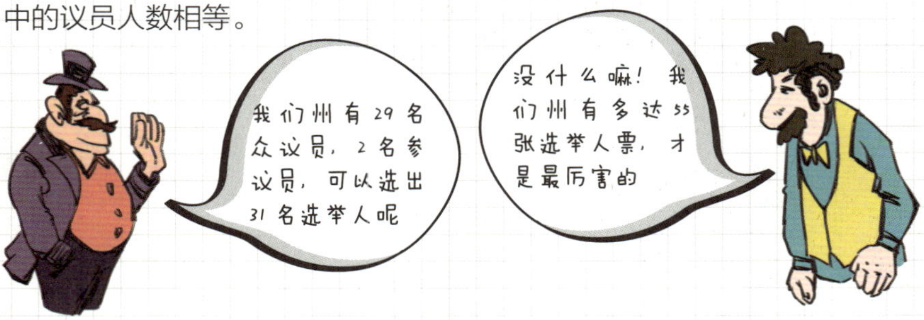

全美 50 个州加上华盛顿哥伦比亚特区，可选出 538 名总统选举人，各州选举人组成选举人团，分别在各州府选举正、副总统。全美共有 538 张选举人票，候选人若赢得超过半数的选举人票，即 270 张选举人票，就能当选为总统。

具体的选举过程是这样的：

9～11月，总统候选人在全国各地展开各种竞选活动，争取选票
总统候选人竞选
大选年11月第二个星期二，选民到指定地点进行投票，在总统候选人之间做出选择，同时选出总统选举人
全国选举
12月第二个星期三之后的第一个星期一举行总统选举，各总统选举人按照该州选民投票结果投票，选举总统
计票规则：
除了缅因和内布拉斯加两个州按普选票得票比例分配选举人票外，其余48个州和华盛顿哥伦比亚特区均实行胜者全得制度，即把本州的选举人票全部给予在该州获得相对多张普选票的总统候选人
选举人团投票表决
次年1月20日宣誓就职
当选总统就职

另外，美国宪法还规定，如果所有总统候选人都未获得半数以上的选举人票，则由国会众议院从得票最多的前三名候选人中选出总统。

★ 总统的权利

美国采取三权分立的原则，将行政、立法、司法下放给总统、国会、联邦法院，使得总统、国会、联邦法院相互制约。

三权分立示意图：

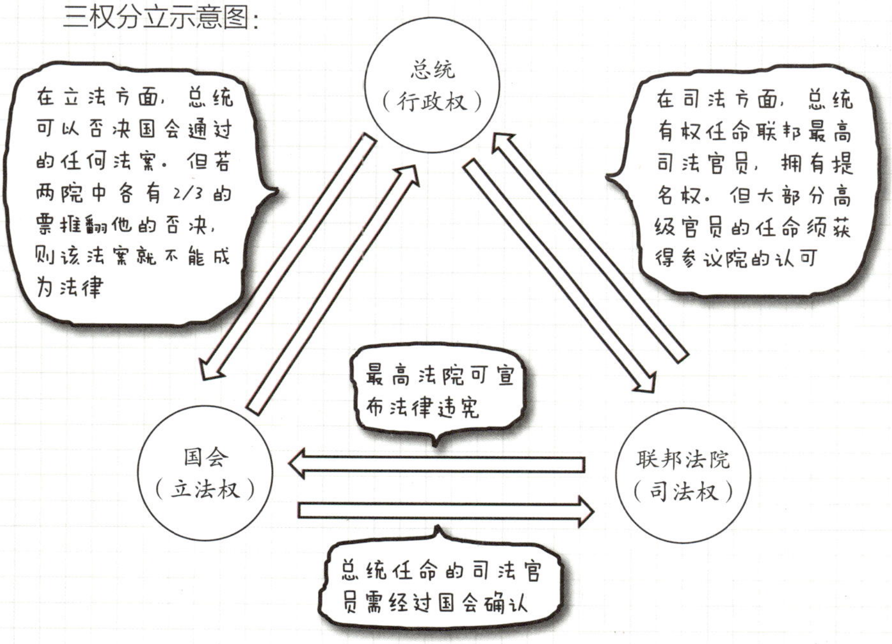

美国总统作为行政首脑，有权处理国家事务和联邦政府的各项工作。同时总统也是美国的三军统帅，可以通过国防部和参谋长联席会议等渠道指挥海、陆、空三军。

在美国，不仅总统是由选举产生，各地区的州长、市长也是由选举产生，他们皆由选民选出，只对选民负责，不对总统负责，也就是说美利坚合众国总统不能对合众国各州州长进行任免。美国各州虽然享有独立性的自治权，但依照宪法又是合众国的一部分，与其他各州是统一的联邦成员，而不是松散的邦联成员，所以州长必须遵循宪法，接受联邦政府的领导。

链接

★ 窥探美国史必去的地方 ★

费城——一个拥有300多年历史的美国城市，许多具有历史意义的事件都在这里发生。1790至1800年间，位于美国宾夕法尼亚州东南部的费城还曾作为美国的首都，如今的费城依然完好地保存着记载这段光辉历史的名胜古迹，这里的独立宫、自由钟、国家独立历史公园、独立大道、富兰克林故居遗址等景点，绝对是窥探美国历史的绝佳场所。

费城名胜古迹推荐			
名称	介绍	资讯	美图
独立宫（Independence Hall）	独立宫建于 1732 ~ 1753 年，被称为美国的诞生地。宫殿原为殖民时期宾夕法尼亚州的议会大厦，美国著名的大陆会议就是在此召开	地址：520 Chestnut Street, Philadelphia,PA 电话：215-9652305 网址：www.nps.gov/inde/index.htm	
自由钟（Liberty Bell）	自由钟是世界上最著名的大钟之一，钟面上雕刻着《圣经》上的名言："向世界所有的人们宣告自由。"，这是美国象征自由与独立的历史见证	地址：6th St.& Market St.,Philadelphia,PA 电话：215-9652305 网址：www.nps.gov/inde/learn/historyculture/stories-libertybell.htm	
宾夕法尼亚大学（University of Pennsylvania）	宾夕法尼亚大学由本杰明·富兰克林 1740 年创办，是一所全球顶尖的私立研究型大学。美国《独立宣言》的 9 位签字者和美国宪法的 11 位签字者都与该校有着千丝万缕的联系	地址：3451 Walnut Street,Philadelphia,PA 电话：215-8985000 网址：www.upenn.edu	
富兰克林故居遗址（Fragments of Franklin Court）	富兰克林故居遗址展出了富兰克林的发明，以及其生前用过的书桌等物品，游客可以观看纪录影片，了解富兰克林的生平事迹。另外，这里的富兰克林邮局(Franklin Post Office)是唯一一个从美国建国前一直营业至今的邮局，从这里寄出的信件可以盖上刻有富兰克林手迹的印章	地址：322 Market St.,Philadelphia,PA 电话：215-9652305 网址：www.nps.gov/i-nde/planyourvisit/fragments.htm	

費城華埠
美食新陶芳
EMPRESS GARDEN

第三部分

美国人是怎么长大的

跌倒了也不哭，原来是这样

★ 孩子摔倒了，怎么办?

儿童成长过程中难免会有些跌跌撞撞，尤其是一两岁的孩子，因为学习行走和跑跳，常常会摔倒，遇到这样情况家长应该怎么做呢?

中国和美国家庭的妈妈对这一事情反应各不相同:

美国妈妈：不会去扶孩子起来，而是用坚定的目光鼓励孩子：“宝贝，你很勇敢的，爬起来！”。

中国妈妈：立即上前把孩子扶起来，一边敲打地面一边对孩子说：“宝贝摔疼了吧？妈妈替你打它，不哭不哭啊！”。（仅示例说明）

对比一下会发现，有时候中国妈妈确实如上文所述过于溺爱孩子，生怕孩子受一点伤，没有使孩子养成独立自主的习惯，而是非常依赖父母。其实妈妈们应该懂得培养孩子的独立精神，注重责任心教育，让孩子懂得自己的事情自己做的道理。

★ 美国孩子为何不喜欢哭?

美国孩子不是不喜欢哭，而是他们知道哭也没用，父母不会帮助他们，最终还是需要自己去面对问题，寻找解决问题的方法。所谓爱哭的孩子都是爸妈教出来的，这句话是有一定道理的。刚出生的小宝贝是一张白纸，他们靠条件反射来做判断，中国家长一看见孩子哭就会抱起来哄，这会让孩子觉得，只要一哭父母就会来抱着，这样的条件反射使他们一哭就来寻求父母的安慰。

然而美国父母，则会从小训练孩子独立自主的能力，孩子哭的时候就把他放在一边，等孩子冷静下来，不哭的时候再抱起来陪他玩耍，久而久之，孩子便懂得，只有不哭的时候才可以抱、可以玩，不过进行这种教育方法的前提不包括孩子的日常作息，如病了、饿了或者困了等。

这就是为什么美国的小宝宝出门玩耍，不小心摔倒了，他们不会哭，而是自己勇敢地爬起来，继续玩耍的原因。刚开始，或许他们的宝宝也会哭、也会闹，但是经过父母的鼓励，他们擦干眼泪，自己爬起来后，就知道哭是没有用的，以后遇到类似的事情便不会再哭闹了。

★ 让家长放心的安全环境

孩子跌倒了，家长真的就不担心么？其实美国家长也一样，如果自己的孩子真的摔倒受伤了，肯定也是焦急万分地带孩子去医院检查是否摔伤了。如果是他人或事故造成的，他们也一定会理论明白，不能让孩子无故受伤。

一般情况下孩子摔倒了，家长不去扶是因为社会对孩子安全保护做得足够全面，他们大可不必担心孩子会受伤，让孩子自己站起来，以此培养孩子独立自主的能力。

在美国，家庭、幼儿园、学校、游乐场、公共场合等都会为小孩提供一个安全的环境，放手让孩子去玩。

美国法律规定每一个不同重量的幼童都要配备相对应的汽车安全座椅，孩子一出生，从医院离开的时候，护士就会跟着家长走到车内，查看汽车座椅的摆放是否符合规定。

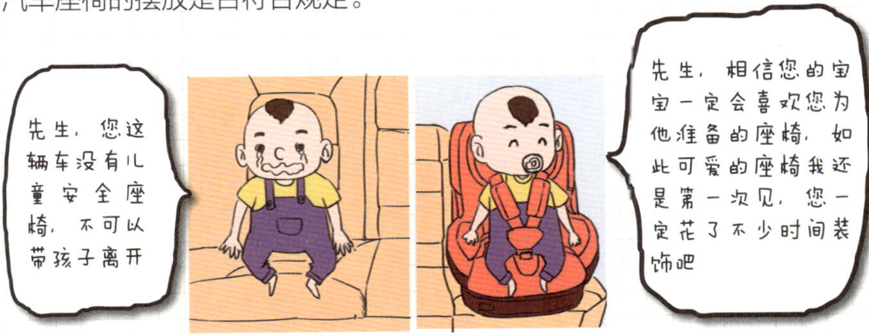

在家里，家长们通常会把家具的尖角处套上橡胶缓冲垫，把电源堵上塑料套，所有的门锁、抽屉、壁橱、冰箱等都安装保险锁，一些化学用品（如药品），都会上锁，不能让孩子轻易打开。所有的儿童用品、从吃的、用的到玩的也都是由政府相关部门经过严格检测后才投入使用的。大街上或是社区、餐厅等公共场所，都少不了专为儿童设置的公共设施。如在幼儿园和居民社区等地设立儿童游乐园，滑梯、秋千等娱乐设施周边的地面上，都会铺满厚垫或软软的碎木屑，以防孩子们摔伤。在一些公众场所，经常有醒目的提示语：“不要让你的孩子独处”“请看好你的孩子”等。

美国的学校每年会定期做各种预防危险的演习，政府也会提供一些免费课程给孩子家长，让孩子的安全得到最大程度的保障。

桌角保护

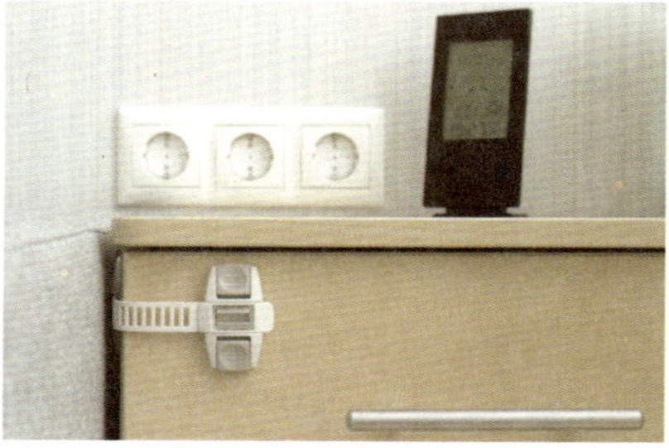

抽屉上锁

橱柜上锁

插座保护

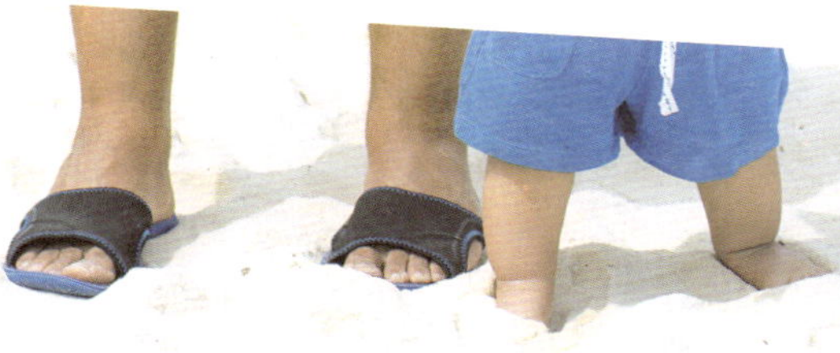

看美国父母如何管教熊孩子

★ 美国的“3C 教育法”

为什么美国人不打孩子，他们的孩子反而更听话？我们很多人可能会有这样的疑问。其实在儿童教育的问题上，美国人主张既不打孩子，也不宠孩子，而是把握好一个尺度，让孩子在一个充满自由、尊重的环境下自我掌控，增强他们责任感的同时锻炼其勇于挑战的精神，这就是美国很流行的“3C 教育法”。

美国“3C 教育法”，3C 即 Control（掌控）、Commitment（责任）和 Challenge（挑战）。

第一个 C “Control（掌控）”

Control

培养孩子掌控情绪与自控：

许多孩子在达不到自己要求时都爱发脾气，这时美国的家长不会采取哄、求的方式，而是蹲下来，先接受孩子的情绪，然后以启发的方式，告诉孩子该怎么做。这样一来，孩子就会明白，遇到挫折时哭不是武器，而是需要他们控制情绪，直视问题并解决。

许多爱玩游戏的孩子，时时刻刻都不想离开电脑、手机。美国家长在这方面会采用时间管理的方法，如一周给孩子多少玩游戏的时间，超出这个时间则不能再玩，让他们学会合理分配自己的时间。

第二个 C “Commitment（责任）”

Commitment

培养孩子的责任感：

美国孩子一成年，就必须独自在社会上打拼，所以美国的父母，从小就会给孩子布置一些任务，鼓励孩子做事情要有始有终，锻炼他们独立做事的能力。而且父母交给孩子做的每一件事，他们都会关注到最后并给予评价，以培养孩子持之以恒、认真负责的好习惯，并教会孩子勇于承担责任。

第三个 C “Challenge（挑战）”

Challenge

培养孩子勇于迎接挑战：

美国的孩子适应能力强，具有坚强、勇敢的品质，这些都源于美国父母的开放式教育。美国父母在孩子很小的时候，就开始锻炼孩子敢于挑战的勇气。他们会让孩子尽可能接触这个世界、了解这个世界，只要没有生命危险，尽量让他们去做想做的一切，家长无须过多的干预，只要在背后默默支持和鼓励就好。

★“Time Out”与“Time Limit”

“Time Out”被称为“计时隔离”，是90%以上的美国家庭在孩子不听话时都会采取的方法。当孩子发脾气、淘气、不听话时，美国家长会要求孩子暂停手上的活动，独自一人冷静一会儿，再寻找解决方案。在许多美国电影、电视剧、动画片里，我们都会听到父母对他们孩子说“现在，回你的房间去！”这句话。

关于计时隔离要选择在一个安静无聊的角落（没有电视、没有音乐），而且要在父母的视线范围之内，并不是传统意义上的关小黑屋，或是将孩子置于一个陌生的角落。而且计时隔离的时间也要掌控好，不是时间越长越好，而是根据孩子年龄不同、内心冷静和平静下来需要的时间长短不同而定。

美国家长在计时隔离前会对孩子提出警告，如果孩子没有接受警告，那家长便会说话算数对孩子进行计时隔离，而且会告诉孩子为什么要隔离，让孩子冷静下来思考。结束隔离后，家长还会跟孩子讲道理，让他们明白自己错在哪里，以及如何改正。另外，坚持父母双方中同一人开始和结束以及态度平和的讲话都是重中之重。如果计时隔离后孩子表现良好，并且主动认错，那么家长还应该给予一定的口头表扬或肯定。

“Time Limit”即为“限时”，美国父母在他们的孩子淘气、不遵守诺言时会在一定时间内限制他们做喜欢的事情。此方法，所限制的事情一定是孩子喜欢做的，才能达到教育的目的。

限制活动时一定要有明确的时间，如“1小时”“24小时”等，以让限时发挥其最大的效果，使得孩子冷静思考不会再犯同样的错误。且一旦设置期限，父母一定要严格遵守，不可随意改变，才能在孩子面前树立威信。另外，也要给孩子机会，让他打扫房间或是刷碗洗菜，如果孩子顺利完成则可让他去做一件喜欢的事情。

美国中小学生的作业多吗

★ 美国教育

一说到美国中小学教育，我们的脑海里便会产生学生作业少、课程浅、考试少、上课自由等印象。其实，美国老师只是更注重对学生自主学习的培养，老师在课上讲得较少，大部分时间是让学生自己来做，老师只充当引导的作用。

课堂上，老师们一般会围绕一个主题，让学生自主讨论，最后让他们自己想出解决办法，而不是一味地向学生灌输各种知识。而且学生的作业也不仅仅是课堂的简单重复，通常是与生活密切相关的话题。有时题目很大，需要几个星期才能完成。学生们为了完成一项作业不仅要上网、去图书馆，而且还要到博物馆、纪念馆、展览馆等地获取资料。所以，美国学生的作业一点也不少，而且种类繁多，如阅读、做练习、写作、做实验、观察、制作网页、查资料、制作展览图片、写调查或研究报告等，只是作业形式会相对自由，但完成强度却一点也不小。

一位在美国读书的中国小学生放学回家带回一份这样的作业：

历史作业

1. 关于第二次世界大战你认为谁应该对这场战争负有责任？
2. 你认为德国战败的原因是什么？
3. 如果你是杜鲁门总统的高级顾问，会对美国投放原子弹持什么态度？
4. 你是否认为当时只有投放原子弹一个办法去结束战争？
5. 你认为今天避免战争的最好办法是什么？

学生作业题

爸爸看到后大跌眼镜，这些真的是小学生的作业吗？真让人不可思议。爸爸决定在一旁帮助儿子完成作业。而此刻，孩子为了想出答案，已经开始兴致勃勃地查阅各种书籍，了解“二战”的相关知识。

此时，家长似乎明白老师留这个作业的目的，这些问题本就没有标准答案，只是要让学生通过这些问题，自己查询知识并学习，同时大胆地说出自己的想法，学会自主探寻问题的结果。

经过不断地查询资料、整理信息，孩子最终独立完成了这一作业并上交给老师。老师们并没有评价这一作业的对与错，而是认真地了解每个学生所阐述的想法。他们的目的就是把孩子的目光引向校园外那个无边无际的知识的海洋，让孩子知道生活的一切时间和空间都是他们学习的课堂，从而使他们学会面对陌生领域寻求答案的方法。

★ 学生的作业时间

根据美国教育协会颁布的指导原则，美国中小学生每天做家庭作业所用的时间按分钟计算，不得超过其年级数与 10 的乘积。

作业时间图解如下：

一位读七年级的女孩则表示，她每天需要花 70 分钟的两到三倍时间去完成作业。当然，每个人完成作业的快慢程度不同，因此完成时间也不是绝对的，但可以肯定的是美国学生和世界上很多国家的学生一样，并不像我们想象中的那般轻松，他们想要考入重点学校，也得拼命做练习才能取得好成绩。

另外，美国的学校分为私立学校、公立学校、教会学校等多种类型，每种类型的学校都有不同的要求。一般来说，美国的公立学校教学模式相对宽松，而私立学校教学模式格外严格，相对作业也会更多，学习强度丝毫不逊色于我国学生。

考试作弊等于没学上

★“荣誉规章”制度

在美国，大学生入学时，需要手写并签署一份“荣誉规章”，这项“荣誉规章”制度迄今已经执行200多年，是学生学术诚信的保证。该制度规定学生需承诺自己的所有考试和书面作业，既没有剽窃行为，也没有违反其他道德规范。要求更为严格的学校，学生们还需在每一场考试时都写下“我以我的人格保证，我没有在这次考试中违反荣誉规章”的誓言。

“荣誉规章”制度作为学生完成作业和考试的标准，一旦违反，后果非常严重。在哈佛大学就曾发生过这样一起考试作弊的事件。

2012年5月的一天，多名学生正正在参加《美国国会概况》这门课的期末考试：

考试现场

学生上交试卷后的一天，本门课程的助教开始阅卷：

试卷小朋友　　助教老师

助教老师发现学生有交流答案或剽窃之嫌后，上报学校。经过严格调查后，哈佛大学在次年 2 月做出处理决定：

另外，据哈佛文理学院院长迈克尔·史密斯说，休学的学生必须离开学校一段时间，参加至少 6 个月全职带薪的非学术类工作进行反省，且该工作岗位不许由父母或任何亲属提供。在工作 2 ~ 4 个学期后，学生可以向学校行政董事会申请复学，如果董事全票通过，学生才可以重返校园。

★ 作弊的定义

在美国，一些留学生会作弊，这其中有一个重要原因就是留学生不知道“什么算作弊”！下面让我们一起了解一下美国学生作弊的定义到底是什么？

美国大学对作弊的认定不仅局限于考试期间，也同样包括学生在作业中、提交的报告中，或者任何教师打分的工作中的作弊行为，具体可以分为下面几类。

1. 学生在未征得所有涉事课程教授授权的情况下，将同一个或类似的作业提交给多门课的教授。

2. 未经教授授权，本该独立完成的个人作业，却和同学们一块商量着写作业。

3. 和他人分享自己曾经的作业、考卷、笔记，以及其他任何类型教授往年发放的资料。

4. 在闭卷考试中查阅资料、抄袭其他同学的答案、互相抄袭或者协助他人抄袭。

5. 引用版权作品，而没有正确地标记出处，也就是常说的学术剽窃。使用已经出版的作品，无论是复印还是直接引用网络搜索的内容，都算剽窃。

目前反剽窃的软件已经非常发达，很多大学教授都会用该软件检查学生的文章。老师只需要把学生的文章输入软件中，就能很容易地看到所抄袭的关键词句，或者哪些部分没有正确引用。早在 2012 年，UCLA(加利福利亚大学洛杉矶分校) 就使用新型反剽窃软件，发现了 52 篇申请文书涉及剽窃，并给这些学生发了拒信。

6. 在考试中，选择代写代考。

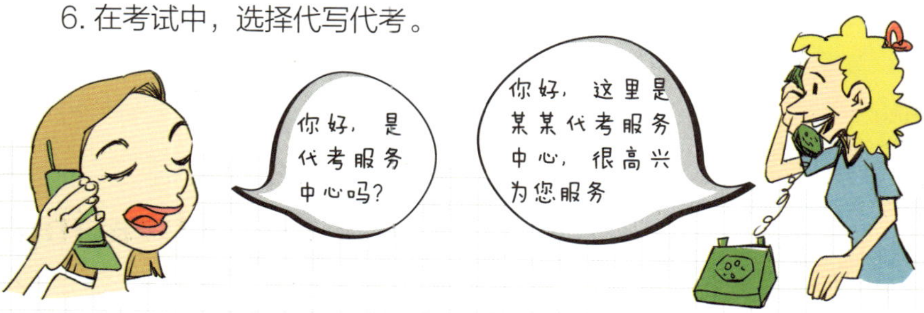

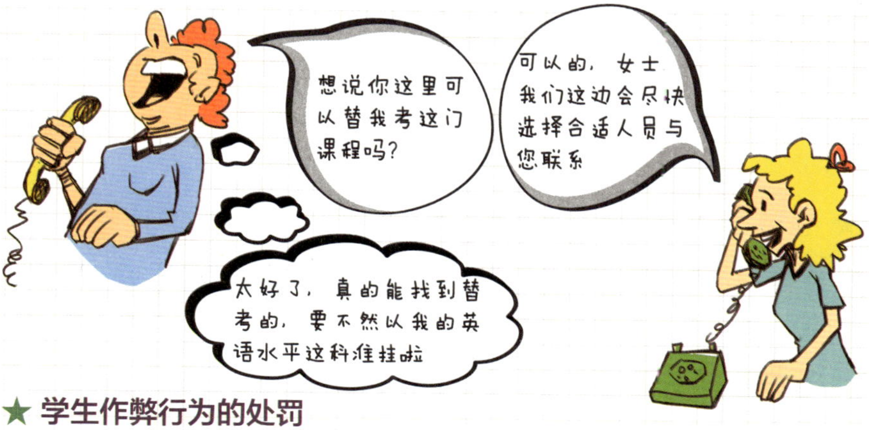

★ 学生作弊行为的处罚

在美国大学中，抄袭作业、考试作弊后一般会根据情节轻重处以警告、训诫、清偿、留校察看、停课、开除这几种处罚。

1. 警告（disciplinary warning）：通过口头或者字条通知学生，他们的行为不符合大学行为准则，如果再犯则会给予严重处罚。

2. 训诫（reprimand）：用书面通知告知学生已经触犯了大学的规定，如果再犯将面临严厉的惩罚。

3. 清偿（restitution）：要求学生赔偿作弊行为带给本大学或其他人的损失、伤害。如不履行，将取消注册权限，并且将来也不允许注册。

4. 留校察看（disciplinary probation）：允许学生继续在校就读，并用书面的通知告知学生已经触犯了大学的规定，一旦再触犯学校政策将被开除。一般由学校的委员会决定时间和长度，一般适用于初犯者。

5. 停课（suspension）：通过书面的形式告知学生，他因触犯了学校的规定，所以他在校的权利会被停止一段时间，这项处罚包括停止的时间长度。

6. 开除（dismissal）：通过书面通知告知学生，其在校学习的权利被永久冻结。

另外，对每一项作弊行为都有着严格的处罚程序，每一个环节都有标准可循，其中一项重要的程序就是给予作弊嫌疑人申诉的机会和权利。如果学生认为处理不公，可以向系所理事会（Faculty committee）提出申诉。系所理事会反馈的结果，将是最终的处理决定，不能更改。

美国的高考与大学生活

★ 中、美高考有何不同

中、美高考对比表

国籍	中国	美国
高考形式创立时间	中国自隋朝科举制度实施的考试择优录取方式至今	美国高考分为两个系统： 1）SAT（学术能力评估测试）创始于1926年； 2）ACT（美国大学入学考试）创始于1959年
考试时间	每年6月的7、8、9日	1）SAT考试每年举行7次，分别在3月、5月、6月、10月、11月和12月的第一个周六以及1月的最后一个周六举行； 2）ACT考试每年在北美地区举行6次，其他地区举行5次，分别在2月、4月、6月、9月、10月和12月举行
考试内容	高考采用3+X模式，“3”指“语文、数学、外语”，“X”指由学生根据自己的意愿，自主从文科综合（政治、历史、地理）和理科综合（物理、化学、生物）2个综合科中选择一个考试科目	1）SAT考试包括SAT1和SAT2：SAT1即通用考试——推理测验(Reasoning Test)，包括阅读（Reading）、文法（Writing and Language）和数学（Math）三个必考科目和一个作文（Essay）选考科目。SAT2即单科考试——专项测验(Subject Tests)，包括数学、物理、化学、生物、外语（汉语、日语、德语、法语、西班牙语）等。SAT2大部分学校是不需提交的，除非学校特殊规定需要提交； 2）ACT考试包括：文章改错(English)、数学(Math)、阅读(Reading)、科学推理(Science Reasoning)四个部分，另外，选考部分为作文

续表

国籍	中国	美国
考试分数	3+X 模式总分 750，高考成绩即为最终成绩	SAT 通用测试的总分 1600，ACT 的总分是 36 分。考试可以报考多次，考得最高的那次成绩最后放在大学申请表上
大学录取标准	按每年一次的高考分数录取，分为四个部分： 1）“提前批”（军事类院校、国防生、提前批小语种、专项计划、定向生）； 2）“第一批”（一本，包括全国重点大学、普通一本大学，含 1A、1B 两个批次）； 3）“第二批”（二本，包括公办、民办二本，含 2A、2B 两个批次）； 4）“第三批”（三本，主要包括独立学院、中外合作办学本科院校，部分省市区已调整为 2C 批次）； 5)“第四批”（高职高专学校，即专科）	1）SAT 或 ACT 的分数； 2）整个高中四年的平均成绩； 3）考生的社团组织领导能力、服务社区的自觉行为、音乐体育上的特殊优势、课外阅读的广泛程度、AP 课程的选修门数、推荐信中评价语气等； 4）一篇全面展示自己、直抒胸臆的散文，伴随考生填完的申请表格，也是让招生委员会的委员们全面考察的重要参考
改革措施	1）淡化批次，目前多省已取消三本录取批次，并将逐渐取消“本科一批”“本科二批”“本科三批”； 2）2020 年起将取消 3+X 模式，实行 3+3 制度，即除了语文、数学、外语三门必考科目之外，学生可从思想政治、历史、地理、物理、化学、生物 6 个科目中自主选择 3 科，共 20 种考试组合	2016 年起 SAT 实行改革： 1）原总分 2400 分，阅读、写作、数学，每门 800 分，现已变更为总分 1600 分，数学 800 分、evidence-based 阅读和文法 800 分。 2）写作变为选考形式； 3）每次考试都会增加对经典文献的考试内容，对于这方面薄弱的中国考生无疑是增加了巨大的难度； 4）鼓励学生多答题，取消了选错项扣分这一规定

★美国高考不容易

许多中国家长总是认为中国高考的压力巨大，而美国的高考较为轻松。然而事实并非如此，无论哪国的学生，想要考进一所好的大学，都需要付出同样的努力。

大多数美国的高中生，他们为了得到最高的平均成绩 4.0，一天只睡 4 个小时，喝下 4 大罐拿铁咖啡，坚持着熬过一天又一天。对比中国应战高考的学生来说，他们一点也不轻松。

美国的高中生除了要保证基本的学习成绩外，还要选修多门课程。如英语以外的第二外语，如法语、西班牙语、拉丁语、汉语等。除此之外，很多高中还会鼓励高中生选修很多大学预修课程（Advanced Placement，简称 AP 课程）。

美国的学生们要尽可能多的参加各式各样的社团活动，并且还需要在这些社团里谋得“一官半职”，锻炼自己的组织能力。除此之外，美国教育中，“服务他人”的意识也被看得非常重。所以就算是高中生，每周也需要花费一定的时间做志愿者，帮助社区做一些公益活动，这也是美国大学非常看重的学生品质。

美国大学的录取标准视学生在高中四年的整体情况而论，四年的平均成绩、各类特长的优势、个人能力的好坏、服务社会的态度以及 SAT 或 ACT 的分数等，都是大学录取的考察标准。所以美国高中生们无论何时都在为高考而努力，所以美国的高考一点也不轻松。

★ 美国大学生活 = 玩玩玩?

许多人一直被美国的青春喜剧给误导，认为美国大学生的生活就是各种派对、聚餐、露营的结合。其实美国大学生的生活在丰富多彩的同时，课业任务也相当繁重。丘成桐教授曾经说过：“中国大学生放松的 4 年，恰好是美国大学生最勤奋的 4 年，是积累人生能量的黄金 4 年。”

美国大学一年分为秋、春、夏三个学期，每个学期时间很短，除去感恩节、春假等学期中的假期，再加上期中、期末两次考试，每个学期的学习压力相比国内要大很多。美国的大学课堂是这样的：

美国大学课堂的出勤率非常高，因为每一节课的内容丰富且信息含量很大，所以逃课这种现象是极其少见的。多数学生上课十分活跃，每当老师提出问题都会积极回答、各抒己见，意见不同时往往还会争得面红耳赤。另外，美国大学生们课后的学习压力也是非常大的，常常凌晨一两点，还能看见用功的学生在图书馆里忙着写论文。考试期间更是如此，所有人都像是和时间赛跑一样，每分每秒抓紧学习，在图书馆打地铺的更是数不胜数。

美国大学生在繁重的学业压力下，往往有许多人为了将来更好的学习，还会同时选修研究生课程。而且除了必修的主科之外，他们还会上烹饪课、驾驶课、神话课、装修课等，让自己学习到更多的知识。

但即使学业再繁重，他们还是会参加许多社团和各类活动来丰富自己的课余生活，在学习的同时懂得放松自己，才使得他们做事更有效率。

一旦独立，放任自由

★ 美国成人礼

美国孩子以庆祝 16 岁、18 岁、21 岁 3 个生日作为成人礼的阶段性标志。

16 岁这一年，是孩子迈向成人的第一步，这一年孩子可以开始考取驾照，并且他们打工兼职也变得更容易些。在中国，女孩 16 岁被称为花季，而在美国则被叫作“Sweet Sixteen”，也是指一个甜蜜美好的年龄，这年生日一些父母会给女儿准备一个盛大的 Party，让女孩们在这天变为名副其实的小公主。而对于许多男孩来说，父母则会在这一天为他们准备经典礼物，作为男孩步入男人的庆祝。

18 岁是美国法定的成年年龄，也是服兵役和就业的合法年龄。这一年，父母和孩子都要面临对孩子正式“成年”后的心理转变，相关的法定权利和义务也随之而来。在部分美国家庭，成年意味着独立，兼职打工，并给家里交付租金和伙食费。

年龄小闹钟

另外，在多数美国人看来，高中毕业就成年了，所以高中的毕业典礼，更多意义上是一种成人礼，颇受重视。每年各大学校都会把高中毕业典礼当成一件大事来操办，在毕业典礼的前 1 个月，举行盛大的“毕业舞会”，届时，男生女生们都会精心打扮，盛装出席。

高中毕业典礼这一天：

各类演讲结束后，学校会为学生们颁发毕业证书，每个学生上台领取毕业证书，自此也是他们走向成年的开始。

仅管 16 岁、18 岁的孩子已经被贴上成年的标签，但是这还不够，在美国，其实 21 岁才算是真正被视为成年的年龄，因为美国许多烟、酒不允许出售给 21 岁以下的青年，且很多成人场所和俱乐部也都必须是 21 岁以上才能进入。因此，美国青年人在 21 岁这一年才终于能够光明正大地去超市买酒，大方去酒吧或者 Club。有些美国西海岸民众还给 21 岁生日庆祝活动中加了另一个点子——去拉斯维加斯，因为拉斯维加斯的合法赌博年龄也是 21 岁。一些青年会选择在那里度过几天浮华生活，再回归现实担负起成年人的责任。

★ 孩子 18 岁以后父母就不管孩子了？

许多人还是会有这样的疑问，美国孩子到了 18 岁以后就要离开家庭、开始自己独立生活吗？不是这样的，美国是崇尚独立自主的国家，父母认为孩子天生具备独立能力，对于孩子力所能及的事，他们不阻挠不干涉，已经成年的孩子，父母会给他们足够的自由空间，相信他们自己就能处理好各类事情。

美国孩子满 18 岁并不意味着父母对子女的抚养义务就自动解除。马萨诸塞州规定，父母对子女的抚养义务要延续到 21 岁，如果子女满 21 岁后仍就读于全日制大学，或在读研究生，父母还应有义务将其供养到 23 岁。当然，如果孩子自立门户，父母也就没有继续抚养的义务。

法院判属的脱离抚养关系，需要孩子的表现情况如下：

如果孩子一周工作 30 ~ 35 个小时，自己支付养车费用、电话费用等，并且还向父母交一定房租之类的，这种就属于与父母脱离抚养关系，可以独自生活。

★ 美国孩子独立后的自由

对于父母来说孩子永远是孩子，但他们 18 岁以后，或者离开家以后，他们同时也是一个成年人，有自己独立的生活和自由空间。大多数美国父母都认同这个观点，他们会做到不干涉孩子的自由，当面对成年孩子时他们是这样做的：

1. 当孩子经济有困难时，父母还是会对已经成年的孩子提供经济资助，并且不会过多干涉孩子的钱用在何处。

2. 父母不会强制要求上大学的孩子选择课程专业，也不会干涉他们选择工作的权利，父母在这件事上只会给孩子提提意见。

3. 父母会允许成年孩子在家住一段时间，直到他们能负担得起自己在外租房子的费用。孩子在家也应承担起一名成年人该有的责任，分担家务等。

4. 父母不会跟孩子讨论太过私人的问题，因为他们相信自己的孩子具备判别是非的能力。

5. 父母也不会过分联系孩子，他们会顺应孩子的沟通习惯，与孩子正常沟通感情。

链接

★ 这些美国名校牛在哪里 ★

美国大学有公立大学、私立大学，有综合大学、文理学院、社区大学之分。学制分为四年制和两年制两种，学位从副学士学位、学士学位、硕士学位再到博士学位一应俱全。在美国，几乎每个学生都可以根据自身情况选择最适合自己的学校。

美国也是一个名校众多的国家，泰晤士高等教育（Times Higher Education）2016 ~ 2017 年世界大学排名前十名中，来自美国的大学占七所。据美国权威网站 Wealth-X 的统计数据，哈佛大学毕业生中有近 3000 人的资产净值在 3000 万美元以上，其总资产净值高达 6220 亿美元；排名第二的宾夕法尼亚大学，有 1500 人总资产净值为 2420 亿美元; 斯坦福大学排名第三，有近 1200 人总资产净值为 1710 亿美元。此类知名学府每年都会有大量人才毕业于此。

下面我们一起看看那些美国名校究竟好在哪里。

★ 哈佛大学

哈佛大学（Harvard University）是一所在世界上享有顶尖声誉、财富和影响力的学校，这里走出了 8 位美利坚合众国总统，上百位诺贝尔奖获得者曾在此工作、学习。学校在文学、医学、法学、商学等多个领域拥有崇高的学术地位及广泛的影响力，其商学院案例教学更是盛名远播。在世界各研究机构的排行榜中名列前茅。

官网网址：www.harvard.edu

★ 普林斯顿大学

普林斯顿大学（Princeton University）是世界著名的私立研究型大学，该所学校以精英教学模式著称于世，其浓厚的学术氛围和独特的贵族气质在世界范围内都是独一无二的。

官网网址：www.princeton.edu

★ 耶鲁大学

耶鲁大学（Yale University）被称为企业家和政治家的摇篮，大学的教授阵容、课程安排、教学设施方面堪称世界一流。其本科生教育与研究生教育都非常著名，在世界大学排名中名列前茅。耶鲁校园的 260 座建筑物涵盖了各个历史时期的设计风格，曾被一名建筑评论师誉为“美国最美丽的城市校园”。

官网网址：www.yale.edu

★ 哥伦比亚大学

哥伦比亚大学（Columbia University in the City of New York）是美国诺贝尔奖得主数量最多的大学，该校的医学、法学、商学和新闻学院均名列前茅，其新闻学院颁发的普利策奖更是美国新闻界的最高荣誉。该校也是美国重要的研究机构之一，是北美第一个实现原子核裂变——曼哈顿计划的诞生地。

官网网址：www.columbia.edu

★ 芝加哥大学

芝加哥大学（The University of Chicago）由石油大王洛克菲勒创建，是世界著名的私立研究型大学。这里诞生了“芝加哥经济学派”（Chicago School of Economics）等以人文社科为主的众多芝加哥学派，走出了世界上超过 30% 的诺贝尔经济学奖得主。

官网网址：www.uchicago.edu

★ 麻省理工学院

麻省理工学院（Massachusetts Institute of Technology）是世界理工学院之最，也是全球高科技和高等研究的先驱领导大学。学院的自然及工程科学在世界上享有极佳的声誉，其工程系曾连续七届获得美国工科研究生课程冠军，其中以电子工程专业最负盛名。另外，管理学、经济学、哲学、政治学、语言学等也都赫赫有名。

官网网址：www.mit.edu

★ 斯坦福大学

斯坦福大学（Stanford University）是美国的一所私立大学，被公认为世界上最杰出的大学之一。斯坦福大学为硅谷的形成和崛起奠定了坚实的基础，培养了众多高科技产品的领导者及创业人才，也是为美国培养最多国会成员的院校之一。

官网网址：www.stanford.edu

★ 宾夕法尼亚大学

宾夕法尼亚大学（University of Pennsylvania）是一所全球顶尖的私立研究型大学，由《独立宣言》起草人富兰克林创建。在科学技术上诞生了人类历史上第一台通用电子计算机 ENIAC，被誉为现代计算机科学文明的发源地。此外还有风疹疫苗、乙肝疫苗、认知心理疗法等发明，挽救了无数的生命。

官网网址：www.upenn.edu

★ 加州理工大学

加州理工大学（California Institute of Technology）是最典型的精英大学之一，也是世界上诺贝尔奖获奖密度最高的学府。该校在物理、行星科学、地理学领域公认为全美第一、世界第一。

官网网址：www.caltech.edu

美国常春藤盟校（Ivy League）趣味连线题：校徽找找看

哈佛大学

宾夕法尼亚大学

耶鲁大学

普林斯顿大学

哥伦比亚大学

达特茅斯大学

布朗大学

康奈尔大学

（答案见 P181）

第四部分

美国人的美式生活

喜欢拖鞋、短裤配 T 恤，还有洁癖

★ 穿衣舒适最重要

比起服饰搭配，美国人更注重健康和身材的保养。大多数美国人穿衣追求舒适休闲，不在意款式好坏。在美国，无论是正装还是休闲装，都以舒适的纯棉、纯羊毛质地面料为主，很少有人穿化纤、混纺以及新式合成面料的衣服。其中，百分之百纯棉的 T 恤、衬衫、牛仔裤是美国人的最爱。无论老人、儿童还是年轻人，平常都喜欢穿着宽松舒适的休闲装、拖鞋、运动鞋。要说美国人平时穿衣服最爱的搭配就是拖鞋、短裤配 T 恤。

在美国，拖鞋以其美观、方便，以及款式的不断更新而受到大众喜爱，流行程度已超过其他任何鞋类。

★ 不同场合的服饰要求

虽然美国人不太讲究服装的款式，更注重舒适度，但实际上他们穿衣十分注重场合。平时逛街、休闲娱乐或居家时的着装，一般都是短裤配T恤的休闲搭配，但在政府部门和公司工作的上班族，工作时间一般男士西服革履，女士套装套裙。如果参加宴会等社交场合，男士要穿正式西服、燕尾服，女士要穿礼服、高跟鞋。

街头装（Street wear）：短裤配T恤，外加一双舒适的凉鞋或拖鞋，这是美国人在下班后及周末、假日、逛街、旅游的普遍着装。舒适便捷，深受大多数美国人喜爱。

休闲装（Casual）：T恤配牛仔裤，外加一双高性价比的运动鞋，这类休闲装束比起随意装略微正规一些。少数公司对穿着方面管理没那么严格，也可以穿着这样的服装上班。

商务休闲装（Business casual和Smart casual）：半袖衬衫配休闲西裤或长袖衬衫配西裤，外加一双比较正式的皮鞋，在许多公司，包括一些政府部门，这类商务休闲装可以作为正式的工作服使用。

职业装（Business / informal）：西装、领带、皮鞋，可以是深色西服及黑色皮鞋，也可以是淡色西服及褐色皮鞋。这类比较正式的上班服装，多为投资银行、房地产公司、外交机构员工的上班着装。

正装及半正装（Black tie / semi formal）：黑色西装、皮鞋、白衬衫及领结或领带是这类着装的统一标准，美国人在出席正规宴会时一定会身着这类服饰出席。

对于大多数美国人来说，无论穿哪一类服装，如街头装、休闲装、职业装，每天换洗是必须做到的。一件衣服不能连续穿两天，这对于他们是十分

重要的穿衣原则，甚至比在哪种场合穿哪类衣服更为重要。选择服装时他们不会过分在意价格和是否出自名牌，更注重衣服是否干净、熨烫整洁等。

另外，美国人也有一天换几套衣服的习惯，上班时穿上班的衣服，回家后就换上居家服，遛狗的时候有遛狗时的服装，外出跑步时有跑步专用的服装，到健身房锻炼的时候有运动服装，逛街时有逛街的休闲装，虽然美国人平时穿得很随意，短裤、T 恤、人字拖，看似不讲究，但这并不代表他们过分随意。

★最具“洁癖”称号的美国人

不知道从什么时候开始，仪容整洁与个人卫生已经成为每个人生活例行事务中重要的一部分，但不同文化背景的人打理自己的方法是不一样的。美国人对待仪容整洁与个人卫生问题就非常看重，对他们中的某些人而言，打理自己几乎成为一种“信仰”，如一句古老谚语所说：清洁是仅次于圣洁第二重要的事。

美国人看不惯那些很邋遢或让自己太过随便的人。对他们而言，就算没有非常好的先天条件，至少也该尽力将已有的好好发挥。

一天同住一个宿舍的留学生打球回来：

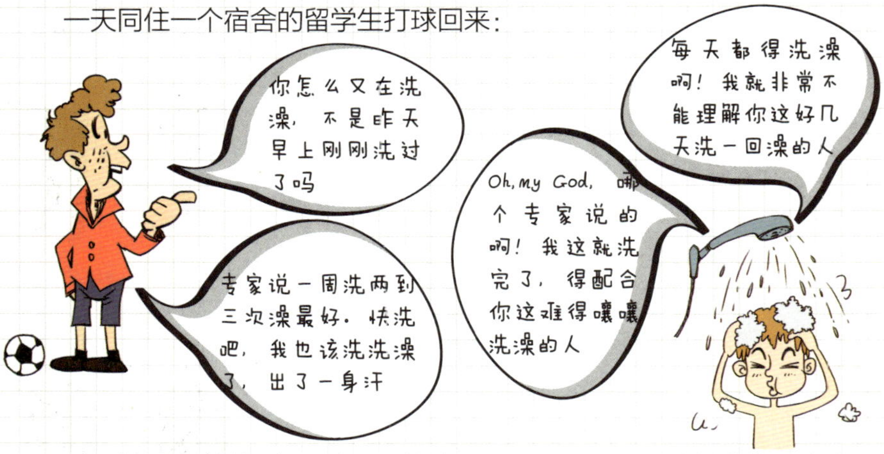

对于美国人来说，每天洗澡、梳头、刮胡子、化妆，随身携带口腔清洁剂及体味去除剂是必不可少的。而且不少美国人还有午饭后刷牙的习惯，即使不刷牙也会饭后漱口、吃薄荷糖等来消除午饭残留的味道。他们大多数人都坚信卫生的必要性，认为它是清洁与健康的基础，也是维持友谊的好方法。

无论做什么事，诚信最最最重要

★ 在美国说谎后果很严重

在美国，人们在不违反法律的情况下，拥有言论自由的权利。他们可以在任何场合说自己想说的话，做自己想做的事，尽情地享受宪法给予公民言论自由的权利，但是美国人绝不会原谅一个说谎的人。

美国游泳运动员洛赫特就曾因为说谎，而面临严重后果。

2016 年的一天：

在美国，如果一位学者剽窃了他人的研究成果，便会名声扫地，很难有挽回声誉的可能；如果一个商人不诚实，就没有人愿意跟他做生意，在这个行业中，最后也只有被动出局的结果；如果一个学生被发现说谎，轻者会受到老师和同学的嘲笑和调侃，重者则会被开出学籍；如果一个人被发现做了假证，他还将受到法律的制裁。所以在美国，说谎的后果真的很严重。

★美国人的诚信观

在美国，很多事情是建立在诚信的基础上，日常生活中，他们随处可以享受到被信任的愉悦。

在美国几乎所有公共场合，凡有老人或儿童减价优惠，均无须出示证件，全凭你金口一开，人家就信了，哪怕有的老人长得很年轻，或有的儿童看上去与年龄不符。如果你去某个大商场复印一本书，印完后去结账，收银小姐也不会查验你所印页数的多少，只凭你报的数字收款，没有人会怀疑你虚报少交。在他们看来，每个人都是建立在信任的基础上。但是如果你没有信用记录，在美国你甚至连张信用卡都办不了。

美国人把教育孩子从小诚实守信作为自己的首要责任。一些报刊上也时常在探讨父母如何在孩子面前以身作则，培养孩子的诚信价值观。

《纽约时报》曾报道过这样一则事件：

在美国堪萨斯城郊的一所高中，一位生物课老师给该校二年级学生留了一份课后作业，第二天上课后老师走进教室里：

课后，老师检查作业时发现其中 28 名学生从互联网上抄袭了一些现成材料，很是生气，判定此事为剽窃现象，将这 28 名学生的生物课得分记为零分，这些学生还将面临留级的危险。然而其中一些家长和当事人害怕真的被留级，便开始抱怨和反对，校方无奈决定要求这位生物老师提高这些学生的得分，该老师得知后愤而辞职。

这位生物老师曾经在带学生的第一天，就和学生立下规矩：“所有布置的作业都必须完全由学生自己独立完成，欺骗或者剽窃将导致课程失败。”而这一规矩，家长们也都纷纷签字认可。之后这件事情越闹越大，很快传开，各类社会舆论接踵而至，学校面对舆论的压力不得不公开举行会议，听取各方意见。

这件事件发生后，该生物老师每天都会接到十几个支援她或打算聘用她的电话。一些公司还传真学校索要当事学生的名单，以确保公司今后不会录用这些不诚实的学生。在美国，诚信就是如此重要，是人们立足社会的根本。

狂热的咖啡，脸大的汉堡

★ 美国的咖啡文化

美式咖啡虽源于意大利，却拥有自己独特的味道，随性而自由。美国是个地域辽阔的多民族国家，单纯的美式咖啡可以分为浓、淡两大类，东部民众比西部民众喝得浓，南方又比北方浓。就民族而言，南欧及拉丁裔民众相较于英、德、北欧移民更喜爱浓郁咖啡。

美国人喝咖啡就像一场随性而为的即兴演讲，没有很强的目的性，也没有太多准备。同样，冲泡咖啡的随性，也让人深深地感受到他们独特的文化。美国的旧金山就像是一个咖啡的国度，这里有太多的咖啡屋供人们选择，你完全想象不到旧金山人对咖啡到底有多喜爱。在那里，他们倾向于用咖啡匙来度量生活。旧金山有着超过 40 种点咖啡的方法，250 余种咖啡的配方可供品尝。而且旧金山人习惯把咖啡屋当作社区的中心，在那里交朋友、听诗歌、阅读另类刊物。诗朗诵和读报是咖啡文化的基本组成部分，特色咖啡是咖啡文化的精髓。

阿波罗计划（Project Apollo）中，负责第三次载人登月的阿波罗 13 号宇宙飞船发射升空，在发射的两天后：

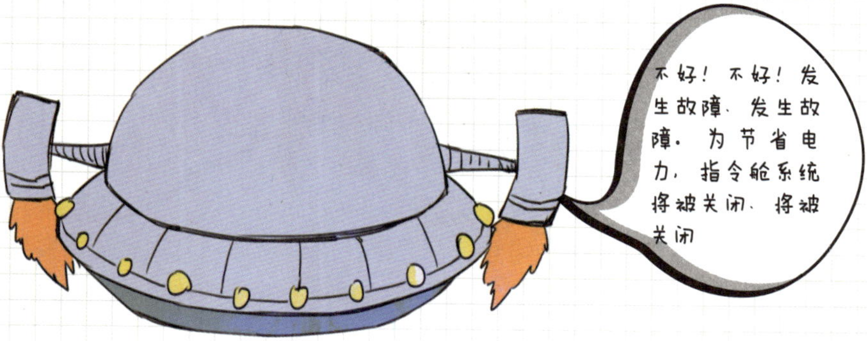

阿波罗 13 号

另一面，宇航员们也在做着紧急处理：

登月舱内的 3 名宇航员

由此可见，咖啡文化早已成为美国人生活中难以割舍的一部分，其影响力甚至达到没有咖啡不算生活的地步。在美国，不论是家里、办公室、公共场合还是路边自动贩卖机，几乎一天 24 小时都离不开咖啡，也就是这样仅美国人就已喝掉了世界咖啡生产量的 3/1，美国也由此成为全球咖啡消耗量最大的国家。

★ 超级汉堡

说起汉堡，我们最先想到的就是麦当劳、肯德基、汉堡王这一系列的连锁快餐店，一款款汉堡通常由炸鸡排、牛肉饼，以及生菜、奶酪、酸黄瓜等配料，撒上芝麻，淋上独特的酱汁而组成。就拿目前的巨无霸汉堡来说，它在全球每 17 秒就能卖出一个，可见受欢迎的程度。

在美国，汉堡是他们最喜爱的心灵美食之一，而真正的美国汉堡是什么样子呢?

实际上，美国真正吃汉堡的地方可不只是肯德基、麦当劳这类快餐店。很多大大小小的餐厅也都有自己的特色汉堡，主要有被称为“hamburger”牛肉馅的汉堡包，当然也有被称为 "Burger" 的火鸡、鸡肉和三文鱼馅的汉堡。

在美国，有这样一种可以自己选配料、选面包的汉堡：

美国许多汉堡大到你一个人绝对吃不完。如 Fatburger 的“加加加大号”汉堡，共有三层肉饼，约 680 克重；Hwy 55 的“55 挑战”，这个巨大汉堡约有 1559 克的牛肉；The Up and Under 的“天高混战”汉堡，约有 30.5 厘米高，内有烤洋葱、培根、烤番茄、芝麻菜、洋葱圈、仙人掌、甜椒、香菜、意大利香肠、手撕猪肉、酪梨、五色椒、煎蛋、切达干酪、豪达奶酪、意大利熏干酪等，看起来就大得令人吃惊。

有房有车也会是穷人

★ 美国穷人的标准

在美国，穷人的定义可与中国的大不相同，穷人并不代表吃不饱、穿不暖，很多穷人的生活甚至比一些中产阶级过得还要滋润。但穷人的定义也很广泛，分为普通穷人和一些无家可归的穷人。而美国区分穷人人群用统计年薪，并采用中位数计算，这相较于中国的平均数计算更为科学。

按中位数计算，年收入是 5 万，若按平均数来算，平均年收入为 36 万，显然年收入 5 万更接近社会实际情况。每年美国有近一半家庭的年收入低于这个数字，他们可以不用缴纳个人所得税，甚至还可以拿补贴的税款。

另外，美国还有一个计算收入的标准，叫作贫困线（poverty line），一般贫困线以下可以定义为穷人。这条线每年根据通货膨胀加以修正，政府公布的 2018 年的家庭贫困标准如下：

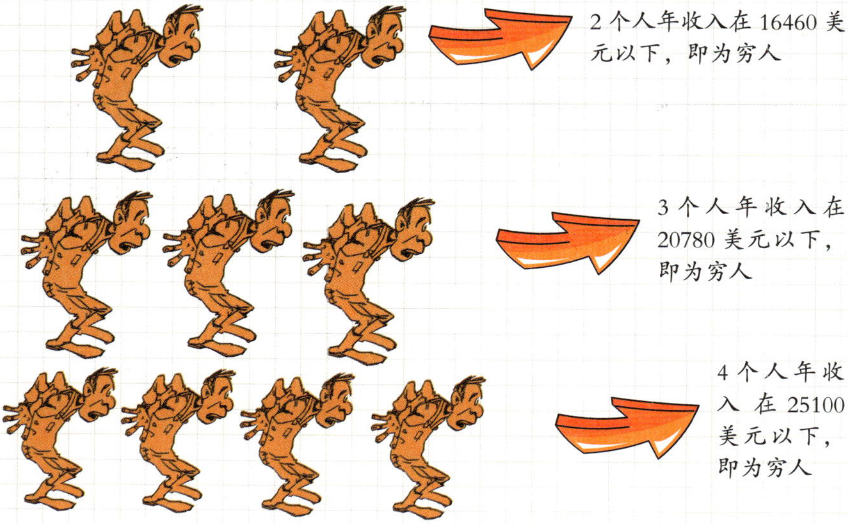

以此类推，每增加1人，约增加4000多美元。8口之家的贫困线为42380美元，多于8口人，每增加1人，增加4320美元。也就是说美国的穷人标准对比联合国所定的穷人标准，单从收入上来看就高出30倍之多。

★ 美国穷人的福利

在美国、有许多针对穷人的社会福利，据统计显示，仅联邦政府所管辖的社会福利项目就多达126种。另外，许多州和地方政府也会出台一些社会福利。

1. 美国的联邦政府和州政府会对低收入人群提供医疗保障资助，这类“医疗补助”（Medicaid）可以让穷人看得起病，并且看病的花费由政府买单。基本上

是在联邦贫困线133%以下，即可获得Medicaid。若收入达不到标准，但在贫困线400%以下，仍可申请政府的其他补贴，用来支付一部分医保费用。

2. 美国政府还通过“补助营养援助计划”(Supplemental Nutrition Association Program)向低收入人群发放用于换取食物的凭证，这项福利从1939年5月16日就开始实行。这类食物券可以在商店购买面包、蔬菜、肉类等食品，但不能用于烟酒等其他生活用品的消费。而且现在政府更注重尊重个人隐私，改发食物券为现金卡，使穷人们购买食品可以和别人一样刷卡。这项福利在贫困线130%以下就可以申请。

3. 对于老人(65岁或以上)、盲人或残障人士，这些收入很少、资产极有限的人来说，通常可以获得老弱病残现金补助(Supplemental security income，SSI)，以帮助他们解决吃饭、穿衣和住宿的需求，但必须是美国公民和永久居民，此外针对永久居民还有一些额外的要求。

4. 对于未成年人，即未满19周岁的孩子来说，美国州政府提供“州儿童医疗保险”（State Children's Health Insurance Program，简称SCHIP）。此类医保包括常规检查、化验检查、X-光检查、预防免疫、门诊和住院医疗、牙科、视力等基本医疗服务，政府出钱让孩子享受该项医保服务。符合家庭收入为联邦贫困线200%以下，就可以申请这项福利。

5. 此外，美国农业部实行的WIC（Women, Infants, and Children）计划，即“妇婴幼儿”计划，为低收入的孕妇、哺乳期中和产后妇女及5岁以下有营养不良之虞的婴幼儿免费提供补充食品、卫生保健转介、营养教育和哺育母乳的推广与支持。只要税前收入低于贫困线185%，即符合条件；若稍微超过一些，也可申请。

在 WIC 的帮助下，许多家庭的小孩子，牛奶、鸡蛋、花生酱等营养餐都吃不完，多的时候父母还能帮着吃。

WIC 资助不仅只有美国公民、绿卡持有者或合法身份者能够享用，美国法律规定，只要是居住在美国，哪怕没有合法移民身份的家庭，也都能享受。

6. 美国的义务教育为 13 年，幼儿园 1 年，小学到高中毕业 12 年。所有的公立学校都是免费上学的，除了有少数特别的教材和出游费用外，没有任何杂费。另外，任何想读大学的学生，都可以申请联邦政府的助学金，家庭收入在贫困线以下的，绝对能拿到最高助学金。

★ 美国穷人的生活

在美国，一般穷人不是穷得买不起房，而是住房面积和质量与中高收入家庭相比较低。据美国媒体报道称，46% 的美国穷人家庭拥有自己的房屋，且 75% 的美国穷人家庭拥有一辆汽车，所以有房有车的穷人在美国并不少见。

抛开那些无家可归者、流浪汉等，一般美国穷人维持基本生活的吃、住两大方面是没有问题的。美国穷人在饮食方面有政府提供的补助，大多数穷人家庭日常餐食可以达到美国农业部规定的家庭食品营养标准。居有定所的美国穷人 70% 拥有自己的房产，没有房产的可以住在由政府提供的廉租房内，由政府负担租金的 70%，个人负担 30%。

凡有能力支付月供款、但无力支付首付款的美国家庭，均可申请低收入家庭特别资助，政府会为他们缴纳首付款和办理房屋过户手续的相关费用。

在拥有住宅的美国穷人家庭中：

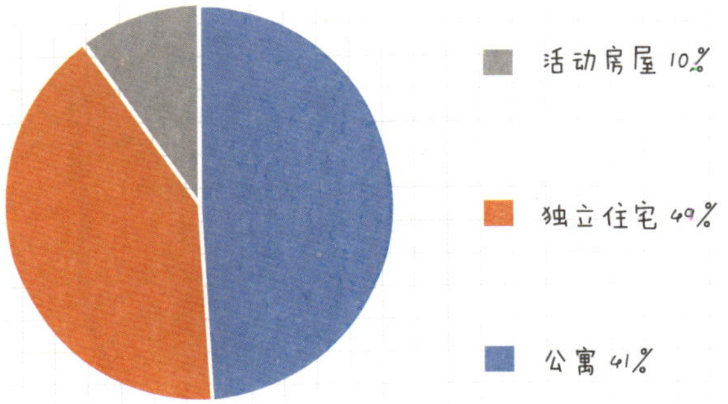

各类住宅占有比例图

在美国，3/4 的美国穷人家庭至少还拥有一辆汽车，约 1/3 的穷人家庭拥有两辆及以上的汽车。在基本的物质条件上，大多数美国穷人家庭和中产阶级一样，生活得以保障，在调查过程中，有 70% 的美国穷人家庭表示他们可以支付一年中基本的生活开支，这其中包括住宅的分期付款、租房的房租、水电煤气等日常费用。

不甘 Out 的老年人

★ 美国老年人的日常生活

美国有绝大部分老人在行为和心态上越活越年轻，他们会参加各种社会活动、唱歌、跳舞、锻炼身体。他们的日常生活是这样的：

美好的一天，从一份营养的早餐开始。

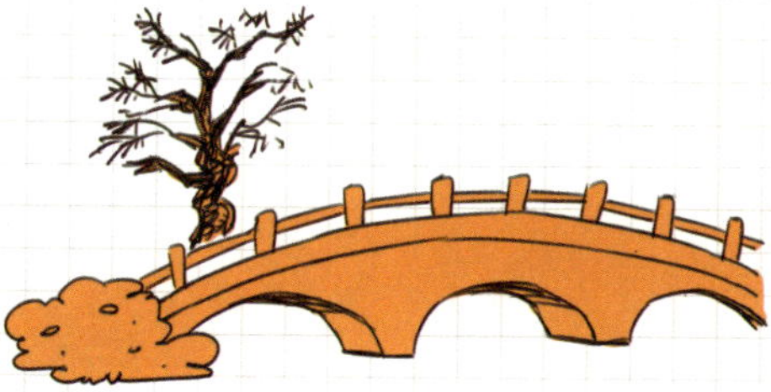

早餐过后，来到周边公园散步。

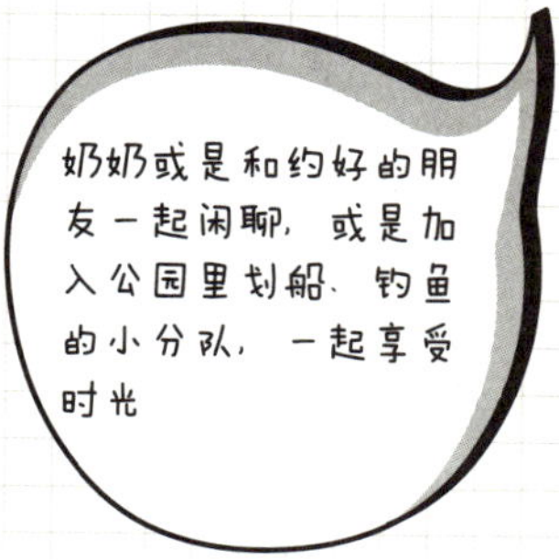

午休过后，开始读书看报，丰富自己的知识面。

傍晚时分，和其他老年人们一起共进晚餐，然后开始他们的歌唱活动。

穿着颜色鲜艳的衣服，梳着精致的发型，画着美丽的妆容，一位神采奕奕的女神级人物开始了她全新的一天。

在美国，多数老年人退休后往往不会帮子女带孩子，而是选择搬到一处适合养老的地方颐养天年。他们愿意住进退休社区或老人村，同其他年龄段的老年人一起参加各类活动。

美国老人村大都集中在加利福尼亚、亚利桑那和佛罗里达州的三角洲地带，这里的生活及娱乐设施相当完备，几乎所有的老人村都设有网球场、游泳池、高尔夫球场等。

除了日常的看电视、听广播、看书读报、散步、做体操、旅游等活动，美国退休老人也非常愿意为高龄老人服务，他们经常参加志愿者服务组织的对口服务，特别是看病就医等方面的服务。

另外，健身房也不是年轻人的专利，许多美国的老先生和老太太尤其热衷于健身事业。

一位老先生就这样说过："我必须保持年轻的体魄，因为我还有很多事情要去做，没时间现在就去见上帝。"

★ 独立奋进的美国老年人

在美国的很多餐厅、超市、书店、公司等场所，不时地可以看见五六十岁甚至六七十岁的工作人员，他们当中许多都是退休后又重返工作岗位，在经济和生活上都能够独立的老年人。也许我们会觉得这个年纪应该安享晚年，不该再为生计而奔波，而且他们的儿女也非常愿意照顾父母，只是大多数老人根本不愿意让儿女照顾，他们认为那样会失去最珍贵的独立精神。他们希望自己能够独立生活，享受美好、充实的后半生。

在美国的公交和地铁站，看到身边有六七十岁老人时的正确做法如下所示：

不只是在乘车的时候，在爬山或者其他活动中，遇见老人也不需要很主动热情地上前搀扶。在美国，每个人都想给别人留下独立、自主的印象，他们普遍不喜欢接受他人的帮助，因为那样会让他们觉得自己已经没有行动能力了。当然如果一位老人看上去确实需要帮忙，你可以先礼貌地问问对方是否需要帮忙，然后再决定怎么做。总之，对待美国老人最得体的方法就是忽略他们的年纪，充分尊重他们的独立意识，不要给予他们特别的对待方式。

另外，美国的老年人也是奋进的一代，他们热爱学习、懂得生活。对他们而言，幸福快乐是很重要的一点，不管多大年纪，都会想方设法让自己快乐。他们会去旅游，去运动，去找一门感兴趣的特长，去买自己喜欢的各类商品，甚至还会去上大学，单身的老人还可能会出去约会。

在美国你会看到这样一番景象：

这些老年人会去学习声乐、钢琴陶冶情操，练习书法修身养性，他们还会学习各类知识丰富自己的学识，他们精力充足，自娱自乐，懂得享受生活。

宠物就是孩子，享有合法权利

★ 美国的动物保护法

在美国，宠物享有合法的权益，按照 1866 年美国颁布的《联邦动物保护法》规定，虐待动物要受到经济处罚或法律制裁，甚至是入狱。对于虐待动物的处罚措施最高可罚 5 万美元或判处 14 年监禁。如果是外国人，不仅要被处罚，还要被永久性驱逐出境。

美国动物保护检查工作主要由民间动物保护团体负责，以美国人道协会及美国反虐待动物协会两大团体为主。这些动物保护团体拥有动物保护专员或督察，他们虽然不是政府执法部门人员，但是受政府委托履行动物保护执法职能，这些人一般身着制服，可以佩带警棍、手枪执法，并且有专门的动保车辆。车上还配备有警示灯，在出现紧急状况时可以开启，开启警示灯的车辆等同于警车或救护车，可见美国对于动物保护的重视。

动物保护团体的工作范围十分广泛：

美国各州的动物保护法令宽严不一，动保人员处理申诉案件或稽查取缔案件时，所秉持的执法态度也因地制宜，通常轻微的动物受虐案件，会开具劝导单或择期复查，尽量避免开具罚单。但情节较严重的案子则立即没收动物，并开具罚单，如有严重违法案件，诸如虐杀动物、利用动物赌博、贩卖保育动物等行为，会立刻移送检察机关予以起诉。

在美国宾州的一座农场里：

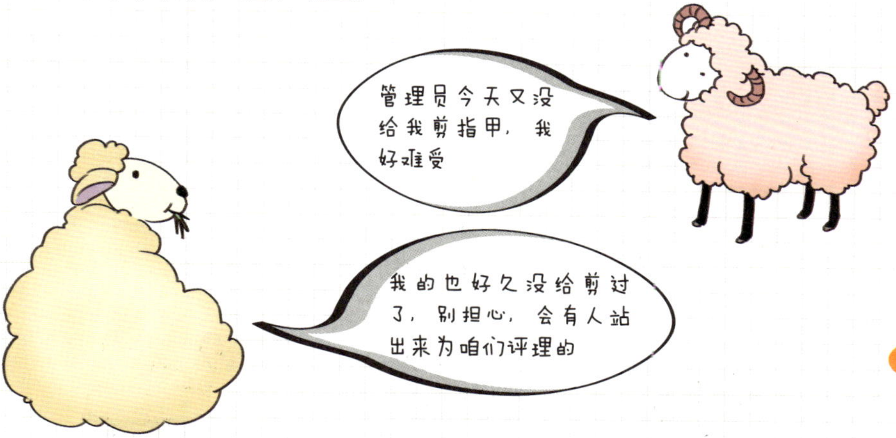

动物警察盯了农场主人许久，终于有一天：

根据宾州的法律，山羊在存活期间必须由有执照的专业人员定期给山羊剪指甲，要不然就是违反规定！

★“宠”动物的美国人

在美国，每个州都设有动物管理机构，负责给动物上户口、做绝育手术、收容流浪动物等。而许多民间动物收容机构也会收养流浪动物，之后供人们领养。但领养的整个流程非常繁琐，需要经过各种申请、审核。如某人要领养大型犬，工作人员则会上门去考察家里的实际情况，证明收养人有足够的空间养育大型犬。有时候，收养一只动物，还需要全家人来参加面试，这也更证实了动物是美国人的家庭成员之一这一观点。

在美国被视作家庭一员的狗狗，它们会被这样“宠”起来：

美国人特别喜欢狗，基本家家户户都养狗。据统计，美国人每年用在狗狗身上的花费就高达 300 亿美元。许多人还需要花费很多心思，使自家的狗狗能够学习一些基本生活技能以及与人的相处技能，使它们尽可能地不给主人添麻烦且不会伤害别人。

上帝给小费，合情合理

★ 美国人付小费的传统

在美国，付小费是一项重要的传统，人们喜欢自己可以赠予别人一些东西的感觉，同时也因为它传播了“努力工作会有回报”的“美国传说”。

美国部分州的法律，允许雇主对有机会收小费的员工支付的工资低于法定最低工资，这使得大多数美国服务业人员的基本工资非常低，甚至低于当地法定的最低工资水平。这些服务人员只能靠赚取小费填补最低工资差额，小费成为他们主要的收入来源，并且这其中还包含税费。

付小费时要注意最好不都是硬币，至少要有一张纸币。如果没有零钱时，可以使用信用卡付小费，方法是在账单上签上小费的数目及总和。美国小费收取的基本标准各地略有差异，一般大城市比偏远地区费率高，小费费率通常在 15% ~ 20%。如果有若干个服务人员同时为你提供服务，那么他们每人都要分到小费。

有时小费也会以“服务费 (service charge)”或“赏钱 (gratuity)”的名义直接算在账单里，特别是一桌 8 人以上的时候。当然，如果对服务不满意的话，不要当冤大头，只能给 10%，你可以这样做让服务员知道：

在纸币的上面并排放两个一分钱的硬币，表示你是因为不满服务才故意给低小费的，告诉他你并不是忘记给小费而已。

如果服务生冒犯了你，而你不想给任何小费，你也可以只放两个一分钱的硬币，告诉他你并没有忘记给小费。

★ 小费的分门别类

> 餐厅服务：
>
> 普通餐厅通常的午餐小费是总账单的 10% ～ 15%，晚餐则需要支付总账单的 15% ～ 20%，当用餐人数较多时，需付总账单的 20% 小费。如果对服务人员的服务很满意，也可以多付一些。
>
> （注：吃自助和外卖时也不要忘记小费。）

住宿地服务：

一般情况下，对于收拾客房的服务人员，小费要给 2~5 美元。如果酒店档次较高，或是客房服务人员做得让你非常满意，也可以适当多给一些。如果见不到客房服务人员，就在离开酒店时把小费放在床头柜或枕边，收拾房间时他们就会自行拿走。

（注：酒店行李员帮你拿行李，或是前台人员为你提供一些有用的信息时，也要记得给小费。）

交通服务：

在美国，乘坐 Taxi 时，除了要支付基本车资之外，还需要额外给出租车司机服务小费。小费的标准通常是 10% ~ 20%，可根据驾驶状态和友好程度而定。

（注：如果要去的地方非常偏僻，也需要稍微多一些小费。）

酒吧服务：

通常一家气氛不错的酒吧，如果酒保给你一杯啤酒，需要支付 1 美元小费，调制一杯鸡尾酒则给 2 美元。人多的时候，还需要付 15% ~ 20% 小费。

（注：美国人通常不会把钱直接交给酒保或侍者，而是在账单出来后将小费直接放在桌上或吧台即可。）

代客停车服务：

在商场购物、住酒店、去俱乐部等时，如果泊车员为你提供代客停车的服务，那么你需要在取车时付给他 2~5 美元的小费。

（注：通常情况下，支付 2 美元即可。如果他在服务过程中始终对你笑脸相迎，让你非常满意，支付他 5 美元也是相当合适的。）

美容美发服务：

在外享受专业的美容美发服务，不管是去美国店、中国店，还是韩国店都要养成额外付小费的习惯。如果只是简单理发，可以给总额的 15% 小费，如果美容、美发同享，一般需要支付总额 20% ~ 30% 的小费。

其他服务：

如果享受到了擦鞋、按摩等服务，也要视情况而定适当给一些小费，通常擦鞋、按摩给账单的 20% 小费。另外，在一些夜店之类的地方，如果洗手台旁边的服务人员，帮你递毛巾、纸巾、香水等，你也需要给 1 美元或 2 美元的小费。

扶门可不是一件小事

最初的扶门习惯，来自怕甩回去的门撞到后来者的脸上。19 世纪，美国就曾有这样的法庭判决案例：

正是因为这种严格的法律规定，民众刚开始不得不自觉规范自己的行为，为后来者扶门，久而久之演变成一种人们用来表达“友好”和“关爱”的道德素养。

在美国，人人都有“扶门”的习惯，就是在公共场合进门时尽量帮别人开门。当有人为你开门时，需要对扶门的人说声“谢谢”，自己开门进入的时候也要看看后面有没有人跟上来，有的话要扶住门让后面的人跟进来后再关门，而不是进出厅室后甩门扬长而去。

“扶门”这一美国文化，在西方国家普遍被看成大事，如果你不做的话虽不违法，但却显得很不道德，别人虽不会“道德绑架”要求你必须扶，但给人第一反应就是觉得你缺乏基本的礼貌和教养。

美国人都是浪费大王

★ 生活中无处不在的浪费

在美国，人们生活中的衣食住行无论从哪个方面来说都十分浪费。

美国人在浪费的行为上最直接的体现就是丢弃东西，多数美国人喜欢穿比较休闲的衣服，而且通常价格也都不贵，所以一件衣服穿过一段时间后就扔掉在他们看来是一件很平常的事。

最新调查显示，在全球范围内，美国可谓是浪费食物最严重的国家。据美国农业部统计，美国接近 1/3 的食物在到达商店后就被浪费了。许多食物即使被消费者买回去，也因食物过多而扔掉许多。

美国是全球用电大国，惊人的用电量全都归功于以下这些“吃”电的家伙。

情景一：离不开的空调

情景二：不灭的灯火

在美国，许多家庭使用灯泡多得可怕，特别是典型的独栋房子（即别墅），一个吊灯上安装近十个灯泡根本不足为奇，一个小小的卫生间也可能安装多个灯泡。在很多州或城市还有这样的规定，办公楼内不能关灯，所以时常可以看到深夜写字楼依旧灯火通明。即使在夜晚的马路上，也是排排长明路灯伴你前行。

情景三：太阳什么鬼！

美国人几乎家家使用烘干机，洗完衣服都是烘干的。一台电动的烘干机，可谓是费电的能手，每年仅仅烘干机一项电器，每个家庭就会消耗 1000 度左右的电。

情景四：电冰箱 and 热水器

美国人家里通常都有一个大冰箱和一个可以储存几百升热水的热水器，它们都是家里用电的大型电器。一台冰箱每年能用上近千度电，热水器也同样费电。

美国人不只在用电上浪费，在用纸方面也很挑剔，不同的地方需要用不同的纸，有厕纸、擦面纸、厨房纸、抹桌纸、擦地纸、擦嘴纸、擦鼻子纸，有干的、湿的，有带香味的、不带香味的……厨房不用抹布擦而用纸擦，洗手也不用毛巾擦而用纸擦，打印用纸更是随心所欲，毫不吝惜，所以美国纸张消耗一直居世界第一。

另外，美国人用的一次性物品也很多，餐卡、餐刀、餐勺、饮料杯、盘子、碗筷等，应有尽有。喜欢开 Party 的美国人，更少不了用这些一次性用品，污染环境的同时也造成巨大的浪费。

美国人外出时，几乎都离不开车，就算只有 10 分钟的路程他们也要开车出行。而且美国销售的各类品牌车型都有统一的特点，就是排量大，油耗高，一年下来浪费了很多能源。

★ 美国人为何如此浪费

能源问题：

美国人为什么是世界上人均消耗能源最多的国家？是因为美国幅员辽阔，物产丰富，生活太优越了？还是因为其它原因？

美国的能源消耗如此巨大，首先应该“归功于”美国良好的公共设施。这些公共设施多半设施先进、自动化程度高，相较普通设施来说所需能耗更多。另外，美国作为当今世界上的超级大国，工业化进程快，能耗自然就高，且人们生活水平普遍较高，才养成了各种浪费资源的生活习惯。

对于能源消耗，美国人没有过分担忧：

美国作为超级经济大国，一般情况下本土的资源都不会轻易使用，大量的资源都是从欠发达国家和发展中国家购取，且对资源利用率也不是很高，才造成很大程度的浪费。

食品问题：

美国食品浪费现象之所以严重，不能说是哪个硬性的原因。一方面可能是由于美国是个现代化农业高度发达的大国，食品售价太便宜，人们不珍惜、挑剔食物最终造成浪费。另一方面也可能是由于美国地广人稀，住宿地和购物地不在一起，人们通常一次性购物较多，食用不完，过期、腐烂才造成了浪费。当然，也有可能是由于国家的规定、各州的规定使得食品厂缩短了食品包装日期上的食用期限，进而造成浪费。正是在种种原因下才造就了美国人如此浪费的习惯。（部分数据来源 Our Retail Divisions、PBS。）

链接

美国人的假期怎么过

在美国，人们会在难得的假期里，抓紧时间放松自己。假日期间，一家人会准备好野外露营设施，自驾前往一个没有城市喧嚣的大自然环境里，感受那里的清新空气，缓解平日的压力。另外，许多美国人也很喜欢举办“BBQ Party”，在假期里，他们会叫上三五成群地朋友一起吃着美味的烧烤，尽情狂欢、嬉闹。

美国热门露营地推荐

地点	介绍	资讯
科罗拉多大峡谷国家公园	国家公园内分布着 60 多处分散的露营点，其中位于爱斯特司公园东北边的露营点，拥有麋鹿、黑尾鹿、大角羊、黑熊、驼鹿、豪猪等野生动物，非常值得一去	网　址：www.nps.gov/grca/index.htm（国家公园）
科特鲑鱼码头露营地	露营地位于奥查克斯捕鱼区内，可以在此垂钓怀特河里的山鳟和鲑鱼。除了固定的露营点外，这里还有旅行团的逐鱼而局、远征露营项目	地址：阿肯色州怀特河
阿卡迪亚国家公园	国家公园内的海堤露营地，位于山漠岛最远端，拥有 214 处露营点，景色优美，可以在此沿海徒步旅行。另外，在巴尔港南边的布莱克伍德斯也有 306 处可预订的露营地	网　址：www.nps.gov/acad/index.htm（国家公园）
罗恩山州立公园	在罗恩山上的阿巴拉契亚山道上，可以欣赏到美国东部最美的山野风光。在罗恩山山顶，沿着“绿色”山脊由西向北行进，还能将缀满鲜花的山腰一览无余。无特别告示时，人们都可以在山道上露营，或是到偏离山道的切罗基或皮斯加国家森林公园露营	地址：田纳西州罗恩山上
坎伯兰岛国家海岸公园	公园内的布里克西尔悬崖是一个非常不错的露营地，在这里你可以划爱斯基摩划子、游泳、钓鱼，窥伺海豚、海龟等	地址：乔治亚州坎伯兰岛

第五部分

过节，他们很认真

山姆大叔，生日快乐

每年 7 月 4 日是美国的国庆日，官方称这一天为“独立纪念日”，是美国主要的法定节日之一。这一天很多家庭都会选择外出度假、参加庆典或游行，同山姆大叔一起庆祝这个获得解放的日子。

节日期间，在美国波士顿会举办盛大的音乐焰火晚会，各地区也会通过表演、娱乐、体育竞赛、放礼炮、鸣钟、放烟火和张灯结彩等方式，隆重的庆祝这个日子。

每到独立日这天，美国就变成了国旗的海洋：

大街小巷，星条旗的身影无处不在，学校、邮局、住宅房前，路边、加油站，到处都飘扬着星条旗。甚至在头巾、礼帽、T 恤、围裙、花环、雨伞、旅游鞋和圣诞礼物上，都不乏星条旗图案。

对于这一节日民众自发参与度很高。到了这天，不用联邦政府动员号召，一些地方的政府组织或者社区机构，就会组织花车巡游、燃放焰火等活动，还会举办各种露天艺术表演，热闹非凡。

美国人也会过年，但没“春晚”看

可能许多人会认为圣诞节就是美国的新年，其实并不是。美国节日中的新年是新历 1 月 1 日，也就是我们所说的元旦。到了新年的前夜，人们聚集在城市的广场、教堂、派对中，一起参加倒数计时活动等待午夜 12 点的钟声敲响。午夜 12 点整，全美国教堂便会钟声齐鸣，乐队高奏有名的怀旧歌曲《一路平安》。

每年最热闹的除夕夜晚，美国各地教堂都会举行隆重的礼拜活动，来自城市各地的人们会聚集在教堂、街头或广场上进行歌唱、祈祷、忏悔和祝福。然而，美国人过年是不看“春晚”的，也没有什么全国性的电视节目。除了聚餐，各家各户的“传统节目”就是互送礼品。

近几十年来很多美国人在送礼物上更是费尽心思：

除了送礼物这项传统节目，在美国的加州、拉斯维加斯、宾州的费城等地也都有自己的特色习俗。要说最独特的风俗，还要数北美印第安人除夕之夜的“篝火晚会”，届时，一家人围坐在篝火旁边，载歌载舞，谈笑风生，等到晨曦时刻，他们会把破旧衣物付诸一炬，作为除旧迎新的象征。

每到新年，美国人也会做如眉豆、猪肉、卷心菜和玉米面包等食物。据说，形状像铜板的眉豆和与美国钞票颜色一样的卷心菜，是财运的象征；而新年吃猪肉的习俗；则是因为猪用两条前腿不断向前挖掘，象征人们在新的一年里会不断进步发展，肥腴的猪肉会给新的一年带来财富和繁荣；玉米面包则是由于与黄金颜色相似，象征源源不断的财富。这些菜都体现了美国人民对于新的一年为了梦想拼搏、奋斗、努力赚钱的愿景。

前后忙活一个月的圣诞节

★ 圣诞节的由来

圣诞节（Christmas）又称“耶诞节”，于每年 12 月 25 日举行，是西方的一个传统节日。起初，圣诞节是一个宗教性节日，通常把它作耶稣的诞辰来庆祝，故名“耶诞节”。大部分的天主教教堂都会在这一天凌晨举行子夜弥撒，而一些基督教会则会举行报佳音，然后在 12 月 25 日当天庆祝圣诞节。基督教的另一大分支——东正教，则在每年的 1 月 7 日庆祝圣诞节。

“耶诞节”是耶稣的诞辰？其实不是这样的：

19 世纪，圣诞贺卡和圣诞老人的出现，使得圣诞节渐渐流行起来。圣诞庆祝习俗在北欧流行后，结合着北半球冬季的圣诞装饰也悄然出现。

寄赠圣诞卡，对于许多家庭来说是节日最重要的环节，人们在卡片上写下祝福的话语，随贺卡带上年度家庭合照或家庭新闻，向亲友送去祝福，庆贺圣诞并表达思念之情。

圣诞袜是人们用来填装节日礼物的袋子，当然，也是小朋友们的最爱。在美国，每年圣诞夜前夕，孩子们都会在壁炉上悬挂圣诞袜，等待骑着驯鹿的圣诞老人顺着烟囱下来把礼物放到袜子里。

圣诞树是圣诞节的标志物，人们通常会用圣诞灯和彩色的装饰物装饰树木，并把一个天使或星星放在树的顶端。

圣诞帽是一顶红色帽子，与圣诞袜、圣诞树一样是节日不可或缺的物品之一。据说晚上戴着圣诞帽睡觉除了睡得安稳、暖和外，第二天还会发现在帽子里多了点心爱之人送的礼物。

圣诞节橱窗是近些年来，各大百货公司橱窗设计人员的作品，每一个设计都将圣诞节的主题发挥得淋漓尽致，吸引着各类人群前往观赏。

圣诞节花环是用绿色的枝叶或藤条，和银色的金属及金色的铃铛配以红色的缎带组成，主色调为绿、白、黄、红，代表欢乐喜庆，通常是人们用来挂在家门口的装饰物。

★ 圣诞节的故事

关于圣诞树有一个美丽的传说：

相传，在一个大雪纷飞的圣诞夜里，一个无家可归的穷孩子，又冷又饿地走在路上，但他幸运地遇到一位善良的农民：

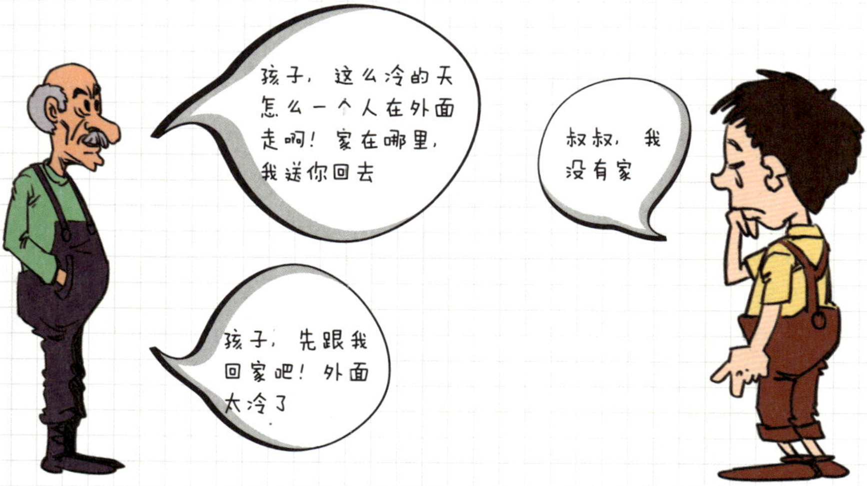

被带回家的孩子在炉火旁度过了一个愉快的圣诞夜，满怀感激的孩子在临走前折了一段杉树枝插在地上，杉树枝立刻就变成一株小杉树：

孩子对农民祝福说：“从今以后，每年这一天礼物将挂满枝头，留下这棵美丽的杉树，报答您的善心。”

自此之后，每逢圣诞节，人们便要在小杉树或小松树上挂满礼物、彩花和彩灯，树顶还会装饰一颗星星。而这些装饰品最初都是具有象征意义的，树上的彩灯（原为蜡烛）象征耶稣是世界的光明，树顶上的大星星则代表耶稣降生后将三位东方贤士引到伯利恒的那颗星。

而如今节日期间，人们会将彩灯点亮，大人、孩子们一起在圣诞树旁玩耍，有时做游戏，一家人还会蒙上眼睛，轮流到圣诞树前摸彩，取得自己的礼物。

黑色星期五为何成了购物狂欢节

★ 为何称为“黑色星期五”

我们现在所说的“黑色星期五”是指每年 11 月的第四个星期五，也就是美国商场的圣诞促销日。这一说法的起源和我们“双十一”购物节的由来很相似，都是以当天的日期来命名。

每年 11 月的第四个星期四是感恩节，从 1932 年起，美国便有在感恩节的后一天提早开门且降价促销来迎接圣诞购物季的传统。黑色星期五一词最早起源于 20 世纪 60 年代的费城，人们用来形容这一天糟糕的交通状况。后来这种说法慢慢扩散，大家便把这一天称为黑色星期五。直到 20 世纪 80 年代左右，商人们认为这一说法具有负面意义不太合适，于是创造另一个故事来解释黑色星期五，这一故事就是我们现在常说的黑色星期五的起源。

人们通常都会在感恩节后开业的第一天，为之后的圣诞节进行大采购，很多商店会因为顾客盈门，从而有大额进账，并在传统上用不同颜色的墨水来记账：

红色记录赤字　黑色记录赢利

所以把这个星期五称作“黑色星期五”，用以表示这一天期待会有盈利。另外，由于商店的打折活动一般都在感恩节结束的午夜开始，因为想买打折商品的人大多从天不亮就冲到商场外开始排队，这也可以视为是“黑色星期五”的一个来历。

★ 最受欢迎的购物节

每年 11 月和 12 月本就是美国传统的购物旺季，“黑色星期五”更是美国人一年中购物最疯狂的日子。这一天，美国的商场都会推出大量的打折和优惠活动，以求在年底进行最后一次大规模的促销。

据美国媒体报道称，“黑色星期五”自 2005 年起就已成为美国一年中最繁忙的购物日，每当这一天商场门口就会出现这样的景象：

这一天，不仅平时清闲的人会来购物，很多雇主也会在这一天给他们的员工放假，让他们的感恩节假期连上周末，变得更长。这无疑又增加了一大群购物者。商家们利用这一点，提供各种各样的折扣，包括一些限量的抢购商品，用来吸引大批顾客消费。

黑色星期五凌晨，商场打开门营业，人们纷纷涌入心仪的购物区选择商品：

服装区

食品区

鞋包区

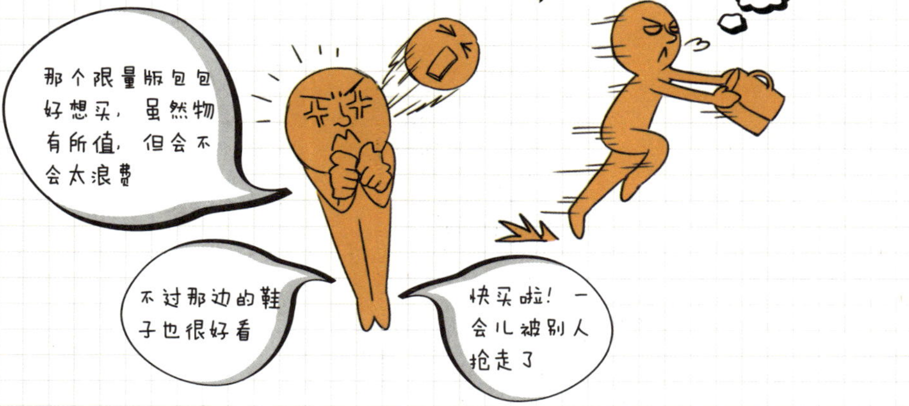

在这个折扣低到令人疯狂的日子，美国人都会大规模采购，为即将到来的圣诞节做准备。而且黑色星期五促销力度最大的家电、服饰和电子产品这三类中，电子产品的折扣往往会出现一年之中的最低价，是购物节人们不会错过的首选商品。

美国没有六一儿童节，这是真的

★ 六一儿童节不是全世界的节日吗?

许多人认为六一儿童节也叫“六一国际儿童节”，于每年的6月1日举行，是全世界少年儿童的节日。在这一天，全中国的小朋友都会庆祝属于自己的节日，但是其他国家也在这天庆祝儿童的节日吗?

其实，在世界上也只有部分国家把“六一”当成儿童节来庆祝，在其他国家，儿童节的日期各有不同，在美国、加拿大等西方国家，几乎没有过“儿童节”的说法。

不同地方的儿童节日期是这些天：

★ 美国节日有“儿童版”

美国一直秉承着关爱儿童的精神与理念，可以说是“儿童的乐园”，那为什么美国孩子不庆祝儿童节呢？

其实，美国不是不庆祝儿童节，而是因为美国的孩子几乎天天在过节，而美国的诸多节日衍生出的儿童版，也令孩子们时常处在节日的快乐氛围中。在美国，儿童节的概念出现在父亲节和母亲节之前，但长期以来并没有全国性统一的节日来庆祝。

2000 年时，美国总统曾设定过儿童节，起源于一个小女孩的信：

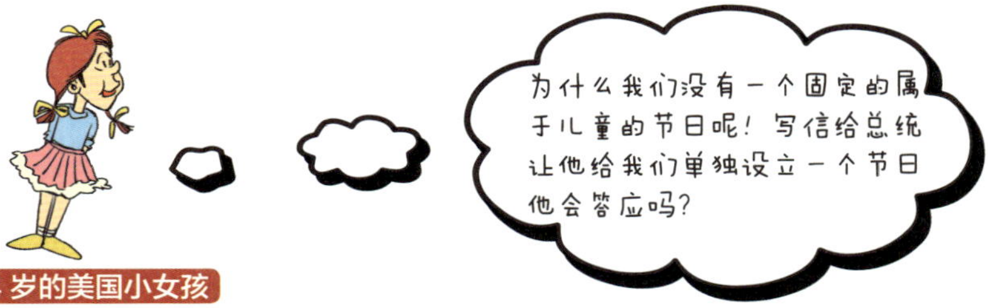

一名 4 岁的美国小女孩

美国总统克林顿很快收到了这名 4 岁女孩的来信，应信上要求他决定设立一个只属于儿童的节日：

美国总统

到了 2001 年，乔治·沃克·布什更改日期，将 6 月 3 日定为“全国儿童节”，并宣布此后每年 6 月的第二个星期日都是“全国儿童节”。不过，美国儿童节这一天很少组织举行社会性、公众性的庆祝活动，人们也不热衷于这个日子，甚至多数民众都不知道这个节日。

Halloween
PARTY

不给糖就捣蛋的万圣节，大人也着迷

★ 万圣节装备

万圣节在美国民间是一个流传久远、极具民族特色的节日。过去，人们会在万圣节这天穿上造型各异的服装，化上夸张的妆容，以驱赶鬼怪。后来这一习俗被流传下来，成为如今一年一度的盛装大会。

在美国，每年刚进入 10 月份，各大商场就开始推出五花八门的万圣节化妆装备，通常是各类妖魔、鬼怪的面具，搞怪的服装，也提供化妆成西部牛仔、印第安人、警察、强盗、米老鼠等形象的用具。按照美国的风俗，一般家庭都还要买些南瓜作为节日装饰，人们会用掏空的南瓜制作一串串形式各异的鬼神，挂在门前或摆放在花园内。一些人家则会布上蜘蛛网、挂上各种不同类型的鬼火神灯，有的家庭门前草坪上还会立上许多假墓碑。

许多活灵活现的鬼脸南瓜灯都是由父母和孩子们一起动手制作的：

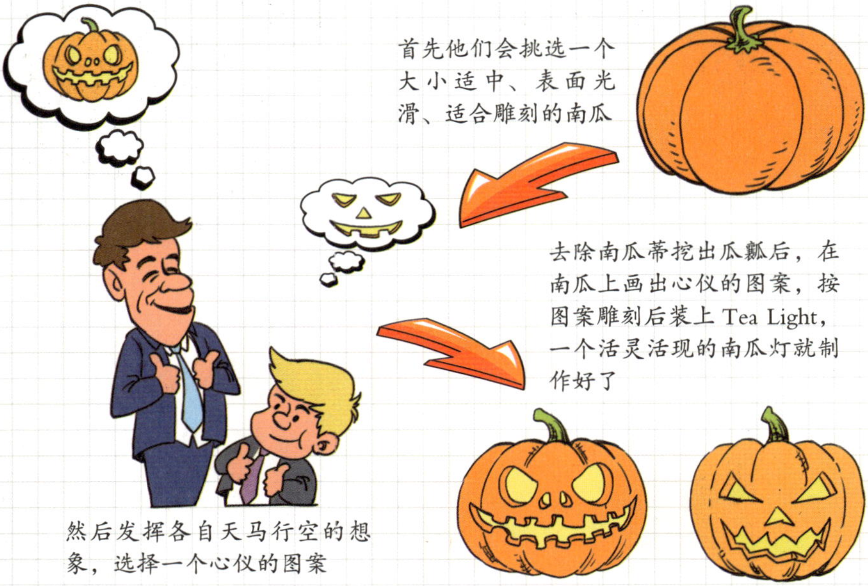

不仅普通家庭会在房间内部和外部装饰，许多公共场所，甚至银行这样并不花哨的场所，也会布置很多诸如各式鬼怪、南瓜灯，还有黑猫以及巫婆的扫帚之类的装饰品。

在很多城市和郊区，都有万圣节 Haunted House，也就是专门打造的鬼屋，很多美国人过万圣节都喜欢到鬼屋体验恐怖的感觉。

★ 群魔乱舞的万圣节

万圣节这个西方的传统节日实际上是在每年的 11 月 1 日举行，但万圣节前夜的 10 月 31 日才是这个节日最热闹的时刻。万圣节一个有趣的内容就是“Trick or treat”，也就是“不给糖，就捣蛋”的意思。每年万圣节前夕，兴高采烈的孩子们就会戴着鬼脸，化妆成各类鬼怪，在父母的陪伴下，挨家挨户敲门索要糖果。每到一户人家，主人一定笑脸相迎，让他们随意吃、任意拿。否则，孩子们就闹个不休。但在出门前大人都会要求孩子只许去门口有节日布置并点了灯的人家敲门，否则不许打扰。

在万圣节前夜，还有不少地方会举行万圣节游行，各类惊奇的服饰、化妆，到时都能再次看到。人们沿着街道从一头走到另一头，场面非常壮观。

万圣节不仅是儿童的节日，许多成年人也会举办各种活动庆祝该节日。一些公司会举办化妆比赛，然后给那些富有创意的造型发放奖品。在华盛顿，每到万圣节前夜，成千上万的青年会化妆得千奇百怪，从首都的各个角落涌向位于城市西北角的乔治城，在那里尽情狂欢直至深夜。这一晚纽约曼哈顿区的格林尼治村也会成为万圣节的活动中心，各种思潮、流派的人都愿意在那儿“表现”一番，几乎所有的参加者都化了妆，酷似一场“魔鬼盛会”。

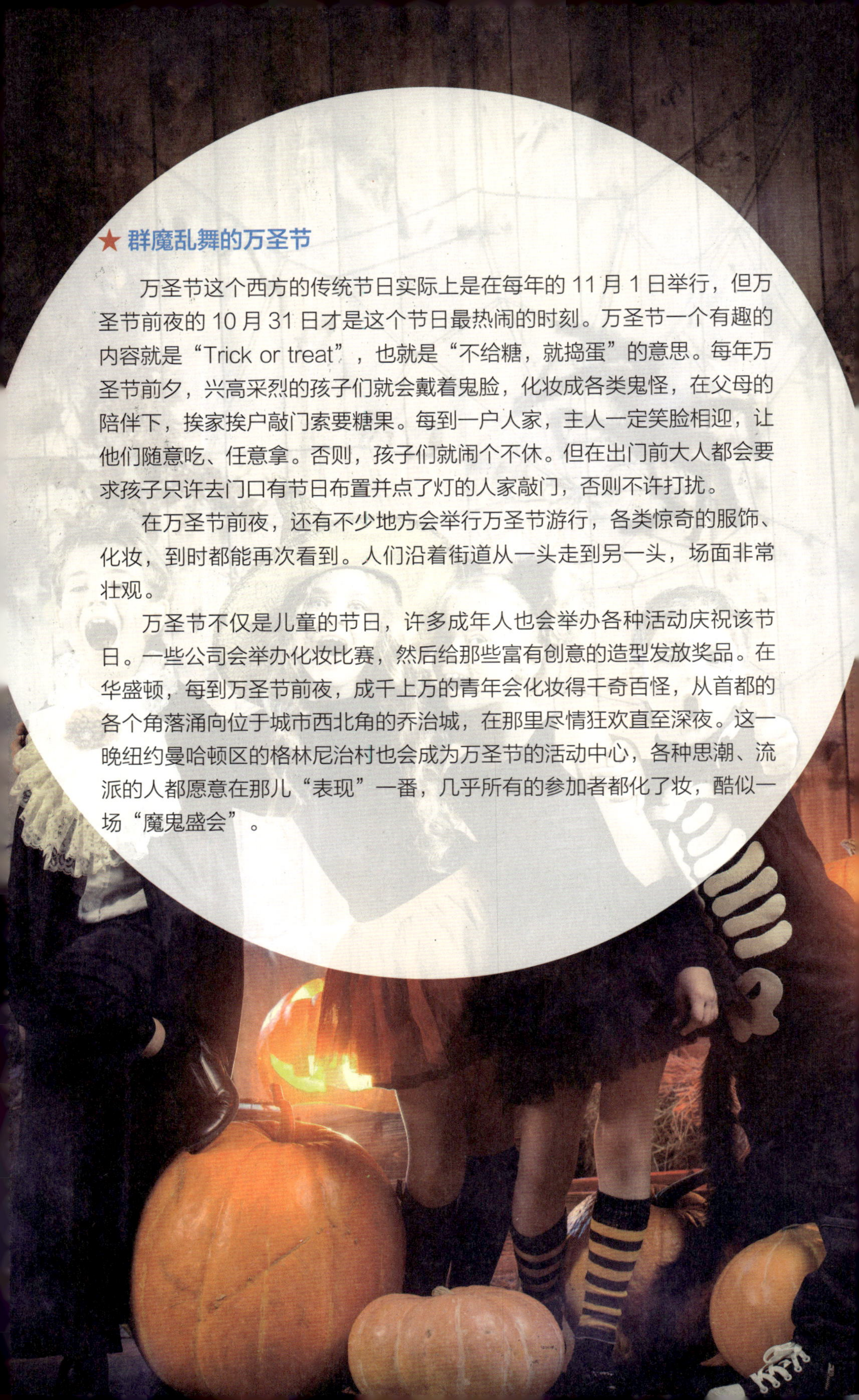

懂得感恩，方得火鸡

★ 感恩节习俗

每年 11 月的第四个星期四，是美国的法定节日——感恩节。这是美国人民独创的一个古老节日，在这一天，美国各个家庭的男女老少欢聚一堂，共同庆祝这个全国性节日。

如今的感恩节在 1863 年前并非是美国官方的全国性节日，在初期感恩节并没有固定日期，由美国各州临时决定。直到美国独立后的 1863 年，林肯总统才宣布感恩节为全国性节日。到 1941 年，美国国会正式将每年 11 月第四个星期四定为“感恩节”。

感恩节这一天，美国举国上下热闹非凡，会有许多戏剧表演、化妆游行和体育比赛等。节日当天，许多人会早起参加当地慈善组织举办的“火鸡赛跑”活动，或是观看美国橄榄球联盟（NFL）的比赛。除了一部分人会到现场观看，许多家庭会选择坐在电视机前观看比赛。

除了全民最爱的橄榄球比赛，人们也会观看热闹欢腾的感恩节大游行。

每逢感恩节这一天，美国家家户户都要吃火鸡，大只烤火鸡里要塞满由洋葱、面包屑、芹菜和香料混合而成的食材，再搭配上甜土豆或红薯。他们通常还会吃一些奶油洋葱、南瓜馅饼和玉米面布丁等。而且各个家庭的屋子里一般都会装饰成感恩节的主题颜色，有红色、金色、橘色或者棕色，并且还会在客厅里点燃许多蜡烛，将整个屋子装扮的格外温馨。

美国七大著名感恩节游行活动

名称	介绍	热闹的游行图片
梅西感恩节大游行	纽约梅西大游行是美国最著名的感恩节游行，每年吸引着超过 350 万的民众在街头等待，5000 万人收看电视直播。游行期间有绚彩的花车、五层楼高的气球和百老汇演员的演出、音乐表演等	
唐恩都乐甜甜圈感恩游行	唐恩都乐甜甜圈感恩游行是美国最古老的感恩节大游行，1920 年就开始举办，游行期间有乐队、合唱团等表演	
美利坚感恩节大游行	美利坚感恩节大游行始于 1924 年，历史悠久。于感恩节当地时间上午 10 点开始，伍德沃德大道（Woodward Avenue）上的各类花车和乐队陆续开始游行，街道上空飘满了各种大型气球，场面壮观	
H-E-B 感恩节大游行	休斯敦 H-E-B 感恩节大游行举办已经超过 60 届，每年都会有游行队伍、现场表演、乐队、巨型气球等，在这里还会见到提前登场的圣诞老人！	
麦当劳感恩节大游行	芝加哥麦当劳感恩节大游行始于 1934 年，最初只是为了振奋大萧条时期的市民情绪，而现在它已成为风靡全城的节日传统	
诺瓦特医疗感恩节大游行	诺瓦特医疗感恩节大游行于每年感恩节早上 9 点半开始从特赖恩街出发，届时各界名人政要、花车气球、乐队表演都将齐聚上阵	
我的梅西感恩节大游行	我的梅西感恩节大游行不同于纽约的梅西感恩节大游行，于每年感恩节后一天在西雅图举行，届时，在第七大道和松树街可以看到各类充气式花车、盛装打扮的角色和乐队表演	

★ 感恩——火鸡

早年，英国一批备受统治者迫害和歧视的清教徒自立新教，准备乘船远渡重洋。他们在大海中漂泊了 65 天，终于到达了美国东海岸，并在罗得岛州的普罗维斯敦港登陆。当时正值寒冬，罗德岛还未被开发，环境恶劣缺少食物，只有火鸡和一些其他野生动物。

在危难之时，当地的印第安人救济了他们，并帮助他们建立了属于自己的家园。为感谢在危难之时帮助、支援过他们的印第安人，同时也感谢上帝对他们的“恩赐”，第二年 11 月的第四个星期四，逃亡的英国清教徒们将猎获的火鸡制作成美味佳肴，盛情款待印第安人，并连续欢庆 3 天。此后，这个传统被渐渐沿袭下来。时至今日，感恩节已经衍生发展到了“对身边的一切怀着一颗感恩的心”的意义。

但同时，由于美国人在节日期间火鸡需求量巨大，甚至仅每年感恩节就需消耗几千万只火鸡，导致美国的许多火鸡都会被不适当的饲养，以达到市场的供应需求。面对这一问题，出现了一系列同情怜悯火鸡的美国人，他们组成联盟，反对迫害火鸡的行为。最终根据全国火鸡联盟 (National Turkey Federation) 的提议，每年的感恩节前，美国都要举行仪式，由总统赦免一只火鸡。

发展至今，感恩节总统赦免火鸡已经变为一项广受欢迎的节日传统。

1963 年 11 月 19 日这一天：

约翰 · 肯尼迪总统　　总统手下人员

自这一日起，约翰·肯尼迪总统便开创了一年一度“赦免火鸡”的先河。但在一开始，总统是放生火鸡，并不叫赦免：

被放生的火鸡

直到 1987 年，时任美国总统的里根，为回应媒体对他是否会赦免卷进“伊朗门”事件的相关人员，才首次将“赦免”一词与感恩节火鸡联系了起来。当时里根总统开玩笑说：“如果那年的火鸡还尚未送往宠物农场的话，我就会特赦它。”于是“特赦火鸡”这一说法，从此被沿袭下来。美国历届总统都把“赦免火鸡”仪式作为向美国人民进行节日祝福的机会，奥巴马总统更是打破以往只赦免一只火鸡的传统，赦免两只火鸡以示“仁政”。

happy
mother's day

母亲节上灿烂的笑容

母亲节，是一个感谢母亲的节日，母亲们在这一天通常会收到孩子们精心准备的礼物。近代的母亲节最早起源于美国，是每年 5 月第二个星期日。美国最早关于母亲节的记载是 1872 年由茱丽雅提出来的，她建议将这一天献给“和平”，并在波士顿等地举行母亲节的集会。

1876 年，一位名为安娜 · 玛丽 · 贾维斯的女士在礼拜堂讲授美国国殇纪念日的课程，讲到战役中捐躯的英雄故事后，她做祈祷时说：

安娜 · 玛丽 · 贾维斯

给予一个个含辛茹苦地抚育着子女的母亲一些慰藉，让这些平凡的女人可以感受到儿女们对母亲的孝思这一愿望，是贾维斯夫人一生的追求。可惜的是，这样一位为礼拜堂服务超过 25 年、心地善良、极富同情心的女人的愿望还没有实现，便与世长辞了。她的女儿安娜在母亲死后立志要创立一个母亲节，来实现母亲多年前的心愿祈求。

之后，安娜先后写信给众多有名望的人物，希望他们支持设立母亲节，以发扬孝道。虽然起初反响很冷淡，但她并不气馁，继续努力向各界呼吁。1907 年，安娜说服了她母亲所属的西弗吉尼亚州的教会，在她母亲两周年的忌日，即 5 月的第二个星期天，举办母亲节庆祝活动。

隔年，此仪式在费城举行：

美国西弗吉尼亚州长

节日举行期间，民众的反应都很热烈，终于西弗吉尼亚州州长也打算支持这项活动，并于 1910 年宣布在该州设立母亲节。1911 年，庆祝母亲节的活动已经非常广泛，不仅席卷美利坚合众国的每一个州，就连周边的国家也开始庆祝这个节日。

美国人还把宣传母亲节的传单用 10 种不同的文字印发到各个国家，以便扩大影响。在此后几年中，庆祝母亲节的声势越来越浩大，直至 1914 年，美利坚合众国国会终于正式把每年 5 月的第二个星期日做为母亲节，并要求总统发表宣言，且号召政府官员在所有的公共建筑物上悬挂国旗。之后，威尔逊总统昭告全国公民要在自己的住宅处挂国旗以表达人们对美利坚合众国全体母亲的热爱和尊敬。此后，母亲节这一节日便在世界各国响应。

★ 番外

珍惜父母的爱——美国绘画《有一天》：

One day,Icounted your fingers and kissed each one.

曾经，我轻吻着你的每根小指头。

One day the first snowflakes fell,and I held you up and watched them melt on your baby skin.

曾经，当第一片雪花飘落，我将你高高举起，看着它们在你稚嫩的皮肤上融化。

One day,we crossed the street,and you held my hand tight.

曾经，你的小手紧抓着我，一同穿梭在都市的车水马龙。

Then ,you were my baby,and now you are my child.
曾经，你是我的小宝宝，现在你是我的大宝贝。

Sometimes,When you sleep, I watch your dream,and I dream too……
有时，望着沉睡的你，我也跟着梦想……

That someday you will dive into the cool,clear water of a lake.
有一天，你会潜入冷冽清澈的湖。

Someday you will walk into a deep wood.
独自走进一座苍郁的森林。

Someday your eyes will be filled with a joy so deep that they shine.
初见新奇，眼中满是光彩。

Someday you will run so fast and so far your heart will feel like fire.
有一天，你会为了心中的渴求，像团火球似的疯狂追逐。

Someday you will swing high so high, higher than you ever dared to swing.
有一天，你会发现自己荡得比想象的还高。

Someday you will hear something so sad that you will fold up with sorrow.
有一天，你会因为突如其来的坏消息，感觉被深深的哀伤包围。

Someday you will call a song to the wind,and the wind will carry your song away.
有一天，你会站在风中浅唱，期盼风儿把你的心声带向远方。

Someday I will stand on this porch and watch your arms waving to me until I no longer see you.
有一天，我会倚在门边，望着你向我挥手道别，消失在我眼前。

Someday you will look at this house and wonder how something that feels so big can look so small.
有一天，你会望着我们的家，诧异记忆中它的巨大，和此刻看起来的渺小。

Someday you will feel a small weight against your strong back.
有一天，你会发现，自己坚强的双臂也有着一个小小负担。

Someday I will watch you brushing your child's hair.
有一天，我会看见你坐在床沿，梳理孩子柔细的发丝。

Someday,a long time from now,your own hair will glow silver in the sun.
有一天，很久很久以后的一天，你的头发也会在太阳底下闪着银光。

And when that day comes,love,you will remember me.
当那天到来的时候，亲爱的，你会想念我。

链接

情人节这天，孩子该做点什么

对很多人来说，情人节这个节日是一个到处洋溢着粉色爱心的狂欢节，也是一个传递爱心的节日。对于美国人来说，情人节更像是一场全民狂欢，不仅年轻人会庆祝，许多老人和孩子也同样会庆祝。而且这一天很多家长都会陪着他们的宝贝一起度过，在学校里的孩子也能够与自己喜欢的老师、伙伴一同度过这个欢乐的节日。节日期间，他们互赠礼物，用制作卡片等形式来互相表达关爱。

情人节这天，孩子可以跟父母一起做一些充满爱意的游戏，或是亲手制作爱心礼物给父母一个惊喜：

1. 制作“爱心”拼图

父母教孩子用彩色卡片纸剪出大小不一的“爱心”，并让孩子自己动手用这些“爱心”剪纸拼成喜欢的小动物、植物，或是房子、汽车等孩子喜欢的、能想到的东西。

2. 和妈妈一起做爱心甜点

妈妈事先准备好制做甜点的食材和工具，带着孩子一起 DIY 甜点，做一个宝贝喜欢的有关 Love 造型的甜点。让孩子在自己动手的过程中感受到满满的爱，而且还可以作为礼物送给孩子爸爸。

3. 布置“爱”的小屋

孩子自己动手用色彩斑斓的“爱心”点缀房间里的每一个角落，包括“爱心”剪纸、“爱心”糖果、“爱心”玩偶、“爱心”气球等，只要是能想到的“爱心”装饰，统统可以摆放。

4. 制作专属“爱”的卡片

孩子可以自己动手在卡片上画上喜爱的东西，写上自己想要对父母说的表达爱心的话语，学着做一个能够感受爱意和传递爱心的人。

HAPPY
MOTHER'S
DAY

第六部分

下面这些事，都是真的

面对美国警察，得学乖

★ 美国警察的职责与权力

美国警察主要分为联邦警察和地方警察。联邦警察机构的主要职能是执行各项联邦法律，维持美国华盛顿特区的治安，以及打击全国性的重大违法犯罪等，普通人很少会和他们打交道；地方警察一般分为州警和市警等，在美国，州警的活动范围不大，其权力限制与各州各种政治因素所起的作用有关，一般普通人在高速公路上因超速被叫停，遇到的就是州警。而美国的城市警察执法机构都是受城市行政机构管辖的，他们也是美国机构中最庞大、最重要的组成部分，肩负执行法律、维护城市社会秩序、向社会提供服务等责任。在美国生活中，最常见到的警察就是他们。

和许多国家警察不同，美国警察虽有众多权力制约但仍拥有众多权力：

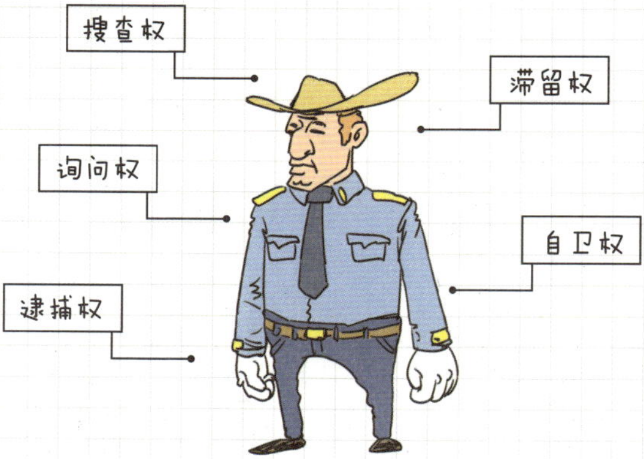

美国警察

对于逮捕权，美国警察逮捕嫌犯，不需要请示任何人，铐上手铐就可以送往监狱，并且有权协助检察官把案子一查到底。另外，最特殊就是美国警察的自卫权，即当警察感到自身安全受到威胁时，可以采取“高人一级”的自卫方式，而且美国警察开枪不允许鸣枪示警，而是直接射击目标。

★ 遇到美国警察怎么办？

美国是一个持枪率极高的国家，普通公民可以合法持枪，这一现状使得社会成员很轻易对警察造成突然致命的伤害，所以当被警察拦下面对他们时，动作一定要慢，把手放在警察看得见的地方，时刻记得要听话，以免造成不必要的误会。

在美国，常常会遇到各种各样的原因被警察拦下，如果被警察拦下，被执法者必须无条件配合警察。最好是都不动，警察让干什么就干什么。假如在车里，必须把双手放在方向盘上，以便警察一眼便能看到，绝对不可自行走下汽车，也不可在未经允许的情况下做出伸手去取驾照这样的动作，否则警察会认为存在袭警嫌疑，可能会导致最终被击毙。

当面对美国警察查车时如果试图反抗：

一开始警察可能是口头命令，如若你不从，就会将你滞留或是戴上手铐。此时如果你再反抗或试图对警察动武，那么很快就会被他放倒在地。另外，如果你做出手放口袋掏东西的动作，警察可能敏感地将其视作掏枪，最终导致被击毙

在懂得美国宪法的前提下，也要学会制约美国警察的权力，维护自身权利。根据宪法第四修正案权力，你拥有不被搜查的权利，前提是与警察对话态度一定要平和，要有好的态度，且不可以做出任何让警察感到有威胁的动作，从而合理地利用法律的权力。

★美国警察也有柔情执法的一面

身材魁梧的美国警察在人们心中早已是防弹衣、手枪、手铐、警棍各种装备样样齐全，给人坚持原则、不讲人情的印象。但其实这些“大块头”们也有柔情的一面，一位迷路的华人就曾有这样的经历。

一天一位迷路的人一边开车，一边让副驾驶的朋友看 GPS，这时，前方十字路口亮起了黄灯，他一犹豫，冲了过去，但还没到路对面：

等到警察过来，司机一边递出他的驾照，一边说：

此时司机飞快地找到租车协议，递出窗口。并说，Sorry，我不应该闯黄灯

出乎意料的是，警察看了眼租车协议后，居然什么也没说，反而指着远方告诉司机怎样才能开到那条街

其实在美国只要你尊重警察，认错态度好，秉承着警察执法时的制度，也能够见到美国警察柔情的一面。

这些行为竟然都犯法

美国人具有高度自觉的守法意识，而这普遍的守法意识正是由于科学性、合理性的严格法律养成的。在美国仅仅以下这几项就是严重的违法行为：

1. 在公共场合开玩笑

在我们的认知中，公共场合开玩笑只是有些不礼貌，似乎与违法乱纪联系不到一起。但是在美国，如果在机场、火车站等人流密集的公共场合开玩笑，则有着严重的违法行为。美国是个高度重视反恐的国家，在洛杉矶国际机场安检入口处就挂有"请勿开玩笑"的警示牌。

2. 说出不恰当的言辞

在美国，一旦在谈话方面对种族有不恰当的言辞，很有可能会遭受种族歧视的指控。如果在学校有侮辱同学的话语，根据各州法律的不同，也可能被定为重罪，判处罚款或监禁。

3. 浏览不正当网页或书籍

美国是一个严格禁止未成年人浏览色情网页和查看色情书籍的国家。如果未成年人有这些行为并被人举报揭发，其严重性仅次于非法持有枪械和吸毒行为。

4. 不到法律年龄购买烟酒

在美国，如果不满 21 岁，不能饮酒也不能买酒，而且对于吸烟也有严格的法律规定年龄，一旦违反规定，将会受到处罚。

5. 盗用他人资源

美国法律规定，禁止在未获得版权许可的情况下，私自转载、上传、下载和使用非自身原创的资源。如果人们使用他人现成的资源，就有可能受到法律的制裁。

用玩具枪的价格就能买真枪

★ 持枪自由的美国

美国是一个移民国家，17 世纪初的欧洲移民来到这个没有国家、没有法律的地方的时候，这里是一个弱肉强食的蛮荒之地，人们为了生存，需要掌握并且依赖枪械，枪支就自然而然地成为当时人们生活中必不可少的工具之一。

此后，北美十三州逐渐形成，因当时各州都需要依靠民兵的力量进行防卫，所以一些州政府甚至会对没有武器的居民进行处罚，民兵手里的枪支依然是重要的组成部分。新成立国家时为避免出现统治者的独裁、专制或暴政的局面，民众手中拥有枪支也是必不可少的条件。不仅如此，依法拥有并自由使用枪支也使美国普通民众在保护私有财产和自身安全等方面，获得了重要保障。

2003 年，亚利桑那州一家人就遇到这样的状况：

一天，亚利桑那州一对夫妇被闯进家中抢劫的歹徒胁迫，此时年仅 10 岁的儿子便拿出家里的手枪出现，儿子秉承着解救父母的决心，开枪并成功击中了歹徒。

年仅 10 岁的孩子，持枪成功解救了父母，使全家人免遭劫难，这件事一直被美国人津津乐道。

虽然人们普遍拥有枪支，但同时也给社会带来一系列负面影响，美国的枪支问题是一个错综复杂的社会问题，涉及多个方面，不单是一项法律就可以解决的事。如今的美国，是一个一半家庭都拥有枪支的国家，枪支已经成为人们日常生活的重要组成部分。

★ 枪支的自由买卖

在美国，买枪并非一件难事，不仅在枪支专卖店可以购买，在一些像沃尔玛这样的大型连锁超市，或是体育用品及酒类商店都可以看到整齐摆放的各类枪支。

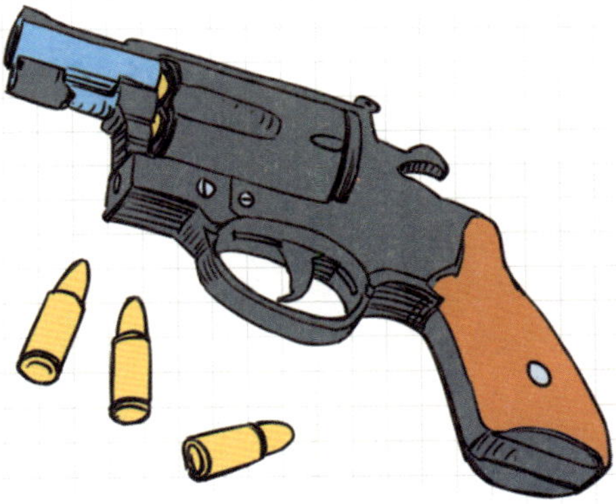

凡是美国公民或是持有美国绿卡的合法居民，都有权申请购买枪支，而且部分合法签证人士在一定条件下也拥有购买枪支的权力。

合法买枪的步骤：

1. 去警察局领取申请表，填表登记等待进一步通知。
2. 按通知到警察局交表并录取指纹。
3. 上交证件及担保信，并与警察面谈。
4. 一段时间调查后，无不良记录即可去警察局获取持枪执照和买枪许可证。
5. 持有持枪执照和买枪许可证后，需 30 天内购买枪支。
6. 购买枪支后需 3 天内再到警察局登记枪号。

通常情况下，提交购买枪支申请表被拒绝的人数并不多，还不到申请总数的 1%。而且，目前美国民众购买的普通枪支价格也并不高，有些枪支的价格甚至和一把玩具枪一样。

慈善不分阶级与财富

在美国，人们都热衷于慈善事业，许多美国人认为慈善并不只是捐赠，而是有钱出钱，有力出力。数据表明，美国人民不管是穷人还是富人，超过 70% 的美国家庭都会定期向公益机构提供捐赠。每年捐钱或是从事义务劳动，已经成为他们的一种生活习惯。

在美国的大街小巷你会发现这样的现象：

在长椅上，街道上等地方随处都可见印刻的人名，在美国，人们正是用这些记录来表达对捐赠者的感谢。在纽约或其他大城市，几乎每天都有各种慈善筹款的晚宴，届时，各个企业高管和社会名流皆会云集于此，进行慈善活动的同时，也为人们的工作和生活带来实际的益处。在郊区和农村等地，各类慈善筹款活动也是社区聚会的重要活动，人们在这里担任志愿者、捐赠者或参与者，与亲朋邻里一起享受这欢乐的时光。

对于美国人来说，乐善好施是社会普遍看重的品质。而且参与公益还能让人们踏入上流精英社会，有利于个人进一步发展。资助公益事业还能将财富转化为权力，使民众拥有更多的话语权。美国人每年的慈善捐款有几千亿美元之多，用于宗教、教育、社会服务、医疗、基金会等多个领域，多数捐款都是取之于民，用之于民，回馈到社会的方方面面。

链接

为什么美国媒体可以直接骂总统

在美国，纯粹的人身攻击是不允许的，但涉及一些与个人日常生活息息相关的法案政策是可以提到总统的。根据美国宪法规定，美国人民在一定条件下享有言论自由的权利，但诸如妇女、胖子一类的话题是不允许谈及的。

美国人们常见的言论自由：

1. 在没有亵渎国旗或焚毁征兵卡的象征性下拥有言论自由。
2. 在没有危及公共安全下拥有言论自由的权利。
3. 在没有引发危害公众秩序导致的暴乱下享有言论自由。
4. 在没有扰乱学校安静上课的前提下有言论自由。
5. 在没有造谣生非对他人名誉造成伤害性攻击的前提下言论自由。
6. 在没有妨害他人权利的前提下言论自由。
7. 人们不能以言论自由或集会自由妨害城市交通、违犯交通规则。
8. 军人不享有与民众同样的言论自由权。
9. 人们没有辱骂他人因而招惹冲突的言论自由。
10. 在没有违背契约而泄露国家机密的前提下言论自由。
11. 诈欺不实的商业广告不受言论自由的保障。
12. 毁谤性言论不受法律保障，且应负担民事责任。

美国城市连连看

迈阿密

纽约

旧金山

波士顿

费城

拉斯维加斯

洛杉矶

华盛顿

芝加哥

美国常春藤盟校（Ivy League）趣味连线题：校徽找找看

耶鲁大学

达特茅斯大学

哈佛大学

布朗大学

康奈尔大学

哥伦比亚大学

宾夕法尼亚大学

普林斯顿大学